AF461940

ARREST
DE LA COUR
DU PARLEMENT.

EXTRAIT DES REGISTRES DU PARLEMENT.

Du 24 Avril 1771.

A LILLE,

De l'Imprimerie de N. J. B. PETERINCK-CRAMÉ, Imprimeur ordinaire du Roi.

ARREST
DE LA COUR
DU PARLEMENT.

EXTRAIT DES REGISTRES DU PARLEMENT.

Du vingt-quatre Avril mil ſept cent ſoixante-onze.

CE jour, les Chambres aſſemblées, Me. Omer-Louis-François Joly de Fleury, Procureur Général du Roi, étant entré, a dit :

MESSIEURS,

Le devoir de notre miniſtère, l'intérêt public, notre attachement aux véritables maximes, tout nous force à nous élever contre une foule de Libelles répandus avec affectation dans cette Capitale & dans les différentes Provinces du Royaume. Des eſprits remuans & factieux ont entrepris de ſéduire les Peuples & les ſoulever contre l'autorité légitime : pour les entraîner plus ſûrement, ils ont tenté de leur perſuader que la Magiſtrature toute entière ſeroit complice de leurs égaremens, & c'eſt au nom des Loix qu'ils ont oſé lever l'étendart de l'indépendance & de la ſédition. Sous le titre impoſant de *Remontrances*, d'*Arrêts*, d'*Arrêtés*, ils ont femé par-tout leurs erreurs & leurs chimères, & ont préfenté le cri de la révolte comme la reclamation uniforme des Compagnies les plus refpectables; mais la publicité même de ces Ecrits en accufe l'impofture, juftifie les Magiftrats auxquels on a eu l'audace de les attribuer, & ne peut qu'ajouter encore à votre indignation contre les coupables Auteurs de ces Libelles. La Loi du ferment étend un voile impénétrable fur les délibérations des Cours, & la correfpondance qui leur eft permife avec le Souverain, eft un dépôt dont elles ne peuvent difpofer fans fon autorifation. Croire que ces Ecrits foient réellement leur ouvrage, ce feroit les accufer tout à la fois de parjure & d'infidélité.

Mais la fuppofition fe trahit d'une manière encore plus fenfible dans les Ouvrages même; on y méconnoît par-tout les Loix fondamentales, que cependant on invoque à chaque page; par-tout on effaye de confondre les limites du pouvoir que nos Rois ont communiqué à leurs Officiers; on veut les affocier aux droits de la Souveraineté même, & leur faire partager, dans fa fource, cette autorité, qui n'eft entre leurs mains qu'à titre d'émanation & de dépôt.

Dans quelques-uns de ces Ecrits, on va chercher aux Parlemens une origine chimérique, & on oublie les titres réels de leur grandeur, pour leur en trouver d'autres dans une ridicule & fabuleufe antiquité. Bientôt on en forme une puiffance parallèle à la Puiffance Souveraine, & qui, née avec elle, doit lui fervir de contre-poids & être une barrière néceffaire entre le Roi & fon Peuple. On traveftit en un droit de réfiftance active le devoir impofé aux Magiftrats d'*avertir & d'éclairer l'autorité*; enfin par des citations fauffes ou altérées, on prétend juftifier & faire revivre un fyftême d'indépendance profcrit par les Loix, & condamné en 1732, par le concours unanime des Parlemens.

Ailleurs on effraye l'imagination des Peuples par les finiftres préfages d'un defpotifme imaginaire; on cherche dans des événemens chimériques & hors de la nature des raifons de brifer le lien de l'obéiffance, & parce que le Ciel peut laiffer un Prince qui abuferoit de l'autorité s'affeoir fur le Trône, on veut enchaîner les mains bienfaifantes de Louis-le-Bien-aimé; on calomnie fa fenfibilité même pour fes Sujets, & quand il adoucit leurs miferes, quand il foulage les Provinces & qu'il rend à la Juftice fon ancienne fplendeur, on ofe l'accufer d'établir la tyrannie & d'anéantir les propriétés.

Jufqu'où n'emporte pas une fureur aveugle! Cette vénalité qui fit le défefpoir des vrais Magiftrats & l'objet de la réclamation des Peuples, devient tout-à-coup, aux yeux d'une cabale audacieuse, un établissement sage & utile.

Et cet âge d'or, après lequel soupiroient nos Ancêtres, n'est plus qu'une chimere, dont la réalité feroit le malheur de la Nation.

Ainsi, on se fait contre le Souverain des armes de ses bienfaits même; on ose plus, on annonce le projet de les rendre inutiles, & on fait l'injure aux Cours d'annoncer de leur part le complot de méconnoître l'autorité du Roi, & d'intercepter le cours de la Justice d'une extrêmité du Royaume à l'autre. Notre zèle, qui ne peut & ne doit être retenu par aucune considération, nous dicteroit de prononcer en ce moment l'anathême que méritent de pareils Ecrits, si nous ne les regardions plutôt comme la production d'une erreur momentanée, que comme l'expression de sentimens stables & immuables.

Un de ces Libelles, sous le titre *d'Arrêt du Parlement de Rouen*, attaquant plus particuliérement l'honneur de cette Cour, nous paroît mériter toute notre attention. Il flétrit, par les dénominations les plus odieuses, le zéle des Sujets fidèles. qui ne suivent que l'impression du devoir & de l'obéissance; témoins, du plus triste des événemens, vous avez partagé notre douleur, vous vous êtes intéressés au sort des Magistrats frappés de la disgrace du Souverain; mais votre sensibilité n'a point alteré vos principes, & l'honneur, autant que la fidélité, vous a conduit sur ce Tribunal, où vous auriez voulu ne jamais vous asseoir. Vous sçaviez que les Offices étoient entre les mains du Roi; que l'autorité qui les avoit créés, pouvoit les éteindre & les supprimer; vous auriez rougi de les accepter, s'ils n'avoient pas été vacans; mais vous les avez remplis avec soumission, dès qu'ils sont devenus libres. En vain donc essayeroit-on d'élever le Tribunal de l'opinion, contre le Tribunal de votre conscience. En vain chercheroit-on à vous effrayer par le fantôme d'un deshonneur imaginaire. Vous n'opposerez à ces efforts impuissans qu'une fidélité plus scrupuleuse à remplir vos devoirs, & c'est à force d'être justes que vous imposerez silence à la calomnie & que vous forcerez la haine même à vous admirer; les autres Parlemens eux-mêmes vengeront leur gloire offensée par ces Libelles, & attesteront, par leur conduite, le zéle & la fidélité, dont ils n'ont cessé d'être animés.

C'est pour nous conformer à ces mêmes sentimens & rendre au Roi, à la Magiſtrature & à notre ſerment, ce que nous leur devons, que nous avons pris les concluſions que nous laiſſons à la Cour.

Et s'eſt ledit Procureur Général du Roi, retiré.

Lui retiré.

Vu cinq Brochures & Placards imprimés, ayant pour titres : Le premier : *Récit de ce qui s'eſt paſſé au Parlement de Dijon au ſujet des Edits de Décembre* 1770, *Février* 1771, *& l'état actuel du Parlement de Paris*; contenant 43 pages d'impreſſion, ſans noms d'Auteur, d'Imprimeur, ni mention du lieu de l'impreſſion.

Le ſecond : *Récit de ce qui s'eſt paſſé au Parlement de Toulouſe ſur les Edits de Décembre* 1770; *Lettres Patentes du* 23 *Janvier* 1771, *& Février même année, & la diſperſion du Parlement de Paris*; contenant 14 pages d'impreſſion, ſans noms d'Auteur, d'Imprimeur, ni mention du lieu de l'impreſſion.

Le troiſième : *Remontrances de la Cour des Aydes de Paris, arrêtées le* 18 *Février* 1771, contenant 34 pages d'impreſſion, ſans nom d'Imprimeur ni mention du lieu de l'impreſſion.

Le quatrième : *Arrêt de la Cour de Parlement de Rouen, rendu les Chambres aſſemblées*, qui fait inhibitions & défenſes de mettre à exécution, dans l'étendue de ſon Reſſort, aucuns Actes émanés des Juges établis par les Lettres Patentes du 23 Janvier, & Edit de Février dernier, du 22 Mars 1771, *de l'Imprimerie de Richard Lallemand, Imprimeur du Roi, près la Rougemarre*, en Placard.

Le cinquième : *Arrêt de la Cour de Parlement de Rouen, rendu les Chambres aſſemblées*, qui déclare intrus, parjures & violateurs de leur ſerment, ceux qui ayant juré d'obſerver les Loix du Royaume, ſe ſont ingérés ou s'ingéreroient aux fonctions des Magiſtrats diſperſés du Parlement, & nuls tous Actes émanés ou qui émaneroient des prétendus Parlement de Paris & Conſeils Supérieurs, du 15 Avril 1771, *de l'Imprimerie de Richard Lallemand, Imprimeur du Roi, près la Rougemarre*, contenant huit pages d'impreſſion. Concluſion du Procureur Général du Roi : Ouï le rapport de Me. Louis-Jacques Langelé, Conſeiller : tout conſidéré.

LA COUR, toutes les Chambres assemblées, a ordonné & ordonne que l'Imprimé intitulé : *Arrêt de la Cour de Parlement de Rouen*, rendu les Chambres assemblées, le 15 Avril 1771, sera lacéré & brûlé en la Cour du Palais, au pied du grand escalier d'icelui, par l'Exécuteur de la Haute-Justice, comme séditieux, attentatoire à l'autorité Royale & aux Loix du Royaume, tendant à rendre suspects au Roi les sentimens des Magistrats, à ébranler la fidélité des Peuples, & à les détourner de l'obéissance due au Souverain, & comme attribué faussement audit Parlement de Rouen ; fait défenses à toutes personnes, de quelque qualité & condition qu'elles soient, d'imprimer ou faire imprimer, colporter, ou distribuer ledit Ecrit, à peine d'être poursuivi extraordinairement, & punis suivant la rigueur des Ordonnances : Ordonne qu'à la Requête du Procureur Général du Roi, il sera informé contre les Auteurs, Imprimeurs & Distributeurs dudit Ecrit, pardevant Me. Louis-Jacques Langelè, Conseiller que la Cour commet, pour les témoins qui sont en cette Ville, & pardevant les Lieutenans Criminels des Bailliages & Sénéchaussées du Ressort, & autres Juges des cas royaux, à la poursuite & diligence des Substituts du Procureur Général du Roi esdits Siéges, pour les témoins qui se trouveront esdits lieux. Enjoint à tous ceux qui ont des exemplaires dudit Ecrit de les remettre au Greffe de la Cour, pour y être supprimés, sur le surplus des objets compris au Requisitoire du Procureur Général du Roi, a continué la délibération au premier jour. Ordonne que le présent Arrêt sera imprimé, lu, publié & affiché en cette Ville, & par-tout où besoin sera, & copies collationnées d'icelui, envoyées aux Bailliages & Sénéchaussées du Ressort, pour y être lu, publié & regiftré. FAIT à Paris, en Parlement, les Chambres assemblées, le vingt-quatre Avril mil sept cent soixante--onze.

Signé, VANDIVE.

Et le Jeudi 25 Avril 1771, *à la levée de la Cour, ledit Arrêt énoncé en l'Arrêt ci-dessus, ayant pour titre :* Arrêt de la Cour de Parlement de Rouen, rendu les Chambres assemblées, le 15 Avril 1771, de l'Imprimerie de Richard Lallemand, Imprimeur du Roi, près la Rougemarre, *contenant huit pages d'impression, a été lacéré & brûlé au pied du grand escalier du Palais, par l'Exécuteur de la Haute-Justice, en présence de Nous Nicolas-Felix Vandive, l'un des trois premiers & principaux Commis pour la Grand'Chambre, assisté de deux Huissiers de la Cour.*

Signé, VANDIVE.

ARREST

DU CONSEIL D'ÉTAT DU ROI,

Du 26 Avril 1771.

Extrait des Regiſtres du Conſeil d'Etat.

LE ROI s'étant fait repréſenter deux Arrêts rendus par ſon Parlement de Rouen, les 22 Mars dernier & 15 du préſent mois; par le premier deſquels ladite Cour, en proteſtant contre ce qui a été fait à l'égard du Parlement de Paris, & en déclarant qu'elle reconnoîtroit toujours les Membres diſperſés d'icelui, comme étant eſſentiellement ledit Parlement, dont elle ne ceſſeroit de demander le rappel & la reſtitution à l'intégrité des fonctions de leur état comme inamovible, & qu'elle tenoit & tiendroit pour nulles toutes les opérations réſultantes des Édits des mois de Décembre & de Février derniers, & des Lettres patentes du 23 Janvier auſſi dernier; auroit fait inhibitions & défenſes, tant aux Officiers de la Chancellerie près cette Cour, qu'à tous Juges de ſon reſſort, de ſceller ni délivrer aucuns *paréatis* ſur les actes émanés des Conſeils ſupérieurs créés & établis par ledit Édit du mois de Février dernier, d'en permettre l'exécution, d'y avoir aucun égard en Jugement, & d'accepter aucune commiſſion qui leur ſeroit adreſſée à raiſon d'iceux; & comme auſſi à tous Huiſſiers ou Sergens, à peine d'interdiction, de faire aucuns exploits tendans à traduire les juſticiables de ſon reſſort devant leſdits Conſeils ſupérieurs, & ſignifier aucuns actes émanés d'eux : Et par le ſecond Arrêt, ladite Cour auroit déclaré qu'elle tenoit & tiendroit toujours pour intrus, parjures & violateurs de leur ſerment, tous Magiſtrats, Avocats ou autres ayant prêté ſerment d'obſerver les Loix & Ordonnances du Royaume, qui ſe ſeroient ingérés ou s'ingéreroient par la ſuite, en façon quelconque, dans les états, offices ou fonctions des Magiſtrats du Parlement de Paris, ſoit dans le lieu des ſéances ordinaires dudit Parlement, ſoit dans les prétendus Conſeils ſupérieurs établis par Édit, non valablement enrégiſtré, juſqu'à ce que la forfaiture ait été duement jugée contre leſdits Magiſtrats diſperſés dudit Parlement de Paris, qui ſeront toujours néceſſairement juſqu'à ce, les ſeuls & véritables Officiers dudit Parlement; comme auſſi qu'elle tenoit & tiendroit toujours pour parjures & violateurs de leur ſerment, tous ceux qui, ayant juré d'obſerver les Loix du Royaume, prêteroient auxdits ſoi-diſans nouveaux Officiers deſdits prétendus Parlement de Paris & Conſeils ſupérieurs, aide, conſeil, aſſiſtance ou ſervice quelconque; en conſéquence auroit déclaré qu'elle tenoit & tiendroit toujours comme eſſentiellement nuls, tous actes émanés ou qui émaneroient deſdits prétendus Parlement de Paris & Conſeils ſupérieurs; & fait défenſes à tous les Juges de ſon reſſort, d'en permettre l'exécution & d'y avoir aucun égard, ou d'accepter aucune commiſſion qui leur ſeroit adreſſée à raiſon d'iceux, avec pareilles défenſes à tous Huiſſiers ou Sergens, à peine d'interdiction, de faire aucuns exploits tendans à traduire les juſticiables de ſon reſſort devant leſdits Tribunaux, & de ſignifier aucuns actes émanés d'iceux. Sa Majeſté a reconnu que ces deux Arrêts, en préſentant l'abus le plus répréhenſible de l'autorité confiée à ſondit Parlement de Rouen, attaquoient directement celle de Sa Majeſté, tendoient à détruire, s'il étoit poſſible, le pouvoir ſuprême qu'Elle ne tient que de Dieu ſeul & dont Elle n'eſt comptable qu'à lui, à ébranler la fidélité de ſes Sujets, & à renverſer les véritables principes de la Monarchie : Que la juſtice exercée dans les Tribunaux du Royaume étant celle de Sa Majeſté, Elle peut, comme les Rois ſes Prédéceſſeurs, choiſir pour la diſtribuer à ſes peuples, telle perſonne qu'il lui plaît :

Que l'institution des Officiers dépendant de Sa Majesté seule, & n'appartenant qu'à Elle de fixer les limites de leur ressort, Elle peut toujours, & pour le plus grand avantage de ses sujets, étendre ces limites ou les resserrer toutes les fois que les circonstances l'exigent : Que l'établissement des Conseils supérieurs, desiré depuis long-temps par ses Peuples, est une opération étrangère à son Parlement de Rouen ; qu'elle est en elle-même un acte de bienfaisance de Sa Majesté, aussi-bien que de sa puissance légitime : Que l'Édit qui a créé ces Conseils supérieurs ayant été enrégistré en la Cour de Parlement de Paris, en la manière accoutumée, cet établissement est aussi régulier qu'il est utile : Que le refus persévérant, public & notoire d'obéir aux injonctions portées dans les différentes Lettres de Jussion adressées à ses Officiers, & de remplir des fonctions auxquelles ils étoient liés par leurs sermens & qui leur étoient imposées par toutes les Loix, autorisoit Sa Majesté à punir, par la perte de leurs Offices, une contravention aussi éclatante à l'ordre public & à ses volontés légalement connues : Que Juge essentiel de ses sujets, Elle étoit sur tout Juge nécessaire & unique d'une Compagnie qui, par une association avouée avec les autres Parlemens, se regardoit comme ne formant avec eux qu'un seul & même Corps ; que cependant Elle avoit adoucit la rigueur de sa Loi, & préféré la suppression avec remboursement, à une confiscation méritée ; mais qu'en créant des Offices de même nature, Elle n'avoit rien changé à la constitution de son Parlement de Paris ; que cette suppression & cette création étoient des actes légitimes & ordinaires de son autorité, des actes d'autant plus respectables, qu'ils avoient été consommés en présence de sa Cour de Parlement, de son Grand-Conseil, des Princes & des Pairs, & des grands Officiers de sa Couronne & de son Conseil, tous assemblés sous les yeux de Sa Majesté, à laquelle personne n'auroit pu contester le pouvoir de rétablir l'usage dans lequel les Rois ses Prédécesseurs ont été pendant long-temps d'envoyer tous les six mois, à ladite Cour, le rôle de ceux qu'ils nommoient pour tenir ses séances : Que sondit Parlement n'a pu, sans l'injustice la plus criante, sans manquer au respect dû à Sa Majesté, & sans l'incompétence la plus caractérisée, tenir pour parjures des Sujets fidèles qui avoient obéi à leur Maître, & servi le public en se présentant pour remplir les Offices nouvellement créés, & que ç'a été le comble de la témérité de se porter jusqu'à faire défenſes de les reconnoître, d'exécuter ou laiſſer exécuter les Actes émanés d'eux. Sa Majeſté ne peut trop tôt réprimer une entrepriſe auſſi audacieuſe, & dont l'exemple ne ſauroit être aſſez promptement effacé : A quoi voulant pourvoir. Ouï le rapport, & tout conſidéré, LE ROI ÉTANT EN SON CONSEIL, a caſſé & annullé, caſſe & annulle les deux Arrêts rendus par ſa Cour de Parlement de Rouen, les 22 Mars dernier & 15 du préſent mois, comme incompétemment rendus, & contenant des diſpoſitions injuſtes & téméraires, & contraires au reſpect dû à Sa Majeſté, capables d'émouvoir les eſprits, & attentatoires à ſon autorité ; comme auſſi tout ce qui auroit ſuivi ou pourroit ſuivre. Fait défenſes à ſondit Parlement d'en rendre de pareils à l'avenir, ſous peine de déſobéiſſance ; & à tous ſes Sujets d'y obtempérer, ſous la même peine : Ordonne que le préſent Arrêt ſera imprimé, publié & affiché en ſa ville de Rouen, & dans les Villes où ſont établis les Conſeils ſupérieurs, créés par l'Édit du mois de Février dernier, & par-tout où beſoin ſera. Enjoint aux Srs. Intendans Commiſſaires départis par Sa Majeſté dans leſdites Provinces, d'y tenir la main FAIT au Conſeil d'État du Roi, Sa Majeſté y étant, tenu à Verſailles le vingt-ſix Avril mil ſept cent ſoixante-onze. *Signé*, BERTIN.

LILLE, de l'Imprimerie de N. J. B. PETERINCK-CRAMÉ, Imprimeur ordinaire du Roi.

EDIT DU ROI,

PORTANT suppression, remboursement & création d'Offices dans le Châtelet de Paris.

Donné à Versailles au mois de Mai 1771.

Registré en Parlement le 28 Mai 1771.

LOUIS, par la grace de Dieu, Roi de France & de Navarre : A tous présens & à venir; SALUT. Par le Compte qui Nous a été rendu de l'état des Offices qui composent actuellement le Châtelet de notre bonne Ville de Paris, Nous avons reconnu que ceux de nos Officiers qui ont été successivement créés dans cette Juridiction, avoient été multipliés au point que les priviléges que Nous leur avons accordés par nos Lettres Patentes en forme d'Édit, du mois d'Août 1768, deviendroient préjudiciables à nos Sujets, si Nous ne les réduisions au nombre que Nous avons jugé nécessaire pour l'administration de la Justice. A CES CAUSES & autres à ce Nous mouvant, de l'avis de notre Conseil, & de notre certaine science, pleine puissance & autorité royale, Nous avons par notre présent Edit perpétuel & irrévocable, dit, statué & ordonné; disons, statuons & ordonnons, voulons & nous plaît ce qui suit.

ARTICLE PREMIER.

Avons éteint & supprimé, éteignons & supprimons les deux

Offices de Lieutenans Particuliers, & les cinquante-ſix Offices de nos Conſeillers, enſemble les quatre Offices de nos Avocats ci-devant créés & établis au Châtelet de notre bonne Ville de Paris.

I I.

Et de la même autorité avons créé & inſtitué, créons & inſtituons en titres d'Offices formés un Lieutenant Particulier, & trente-deux nos Conſeillers & trois nos Conſeillers-Avocats, attribuant auxdits Offices nouvellement créés les mêmes rangs, priviléges & honneurs, prérogatives, gages & franc-ſalé, dont ont joui ou dû jouir les pourvus des Offices ſupprimés par l'Article précédent.

I I I.

Ceux qui deſireront ſe faire pourvoir deſdits Offices, obtiendront préalablement l'agrément de notre très-cher & féal Chevalier Chancelier de France, en la maniere ordinaire, & payeront en nos Parties Caſuelles la finance à laquelle leſdits Offices ſeront modérément évalués par un Etat arrêté en notre Conſeil.

I V.

Le Lieutenant Particulier remplira les Fonctions de Lieutenant Civil, celles de Lieutenant Général de Police, dans les cas ſeulement ſujets à l'appel en notre Cour de Parlement, & celles de Lieutenant Criminel en cas de maladie, abſence ou autre légitime empêchement deſdits Officiers, tiendra ſeul l'Audience des Criées, excepté les jours affectés au Lieutenant Civil, préſidera toute l'année en la Chambre du Conſeil, en l'abſence du Lieutenant Civil, ſans préjudice néanmoins du droit qu'a le Lieutenant Général de Police de préſider ladite Chambre dans les Procès dont la connoiſſance lui a été attribuée.

V.

Les Pourvus deſdits Offices de Conſeillers ſeront diſtribués en nombre égal dans les quatre ſervices ou colonnes dudit Châtelet, en la forme ordinaire, & ſuivant l'uſage pratiqué juſqu'à préſent dans ladite Juridiction, en telle ſorte néanmoins qu'ils puiſſent tous ſervir indiſtinctement dans chaque colonne lorſque leur ſervice ſera jugé néceſſaire par l'abſence ou autre empêchement de ceux qui ſeroient de ſervice dans la colonne à laquelle ils ſeront appellés par celui qui préſidera notamment pour les inſtructions criminelles.

V I.

Et attendu le zèle & l'affection pour notre service dont il nous a été donné des marques par les sieurs Pillet, Benoît pere, Foisseyux, Bachois de Villefort, Gasteau de la Chatierre, Puissant des Placelles, Benoît de Maisoncelles, Du Fresnay, Le Roy de Baraincourt, Chuppin, Perrinet d'Orval, Boucher le jeune & Magnier, nos Conseillers; & par les sieurs Souchet & Foulon, nos Avocats, leur ordonnons de continuer l'exercice des fonctions de leursdits Offices, en vertu de leurs anciennes provisions & des sentences de leur réception, à l'effet de jouir desdits Offices, aux mêmes rangs, honneurs, prérogatives, gages & franc-salé, dont ils ont joui ou dû jouir jusqu'à présent.

V I I.

Tous les Pourvus ou Propriétaires de la finance des Offices de nos Conseillers ou de nos Avocats audit Châtelet, autres néanmoins que ceux dénommés dans l'Article précédent, seront tenus de remettre dans un mois, à compter de l'enrégistrement de notre présent Edit en notre Cour de Parlement, entre les mains du Contrôleur Général de nos Finances, les quittances de finances, contrats d'acquisition & autres titres de propriété de leursdits Offices, pour être ensuite procédé en notre Conseil à la liquidation du prix d'iceux.

V I I I.

Les deniers qui proviendront de la finance des Offices créés par l'Article II. de notre présent Edit, seront affectés au remboursement du montant desdites liquidations, & en cas d'insuffisance, il y sera par Nous pourvu sur les fonds qui seront à ce destinés.

I X.

Les intérêts du montant desdites liquidations seront payés aux Pourvus desdits Offices ou Propriétaires de la finance d'iceux, à raison de cinq pour cent, à compter du jour de la remise de leurs titres, ès mains du Contrôleur Général de nos Finances.

X.

Seront au surplus nos Edits & Déclarations concernant ladite Juridiction, notamment nos Lettres Patentes en forme d'Edit du mois d'Août 1768, exécutés selon leur forme & teneur, en tout ce qui n'est pas contraire à notre présent Edit. SI DONNONS EN

MANDEMENT à nos amés & féaux Conſeillers les Gens tenant notre Cour de Parlement à Paris, que notre préſent Edit ils aient à faire lire, publier & regiſtrer ; & le contenu en icelui garder, obſerver & exécuter ſelon ſa forme & teneur : CAR tel eſt notre plaiſir ; & afin que ce ſoit choſe ferme & ſtable à toujours, nous y avons fait mettre notre ſcel. DONNÉ à Verſailles au mois de Mai, l'an de grace mil ſept cent ſoixante-onze, & de notre règne le cinquante-ſixième. *Signé*, LOUIS. *Et plus bas :* Par le Roi, PHELYPEAUX. *Viſa* DE MAUPEOU. Vu au Conſeil, TERRAY. Et ſcellé du grand ſceau de cire verte, en lacs de ſoie rouge & verte.

Regiſtré, ouï, ce requérant le Procureur Général du Roi, pour être exécuté ſelon ſa forme & teneur, & copie collationnée envoyée au Subſtitut du Procureur Général du Roi, audit Châtelet, pour y être lu, publié, regiſtré & exécuté ſuivant l'Arrêt de ce jour. A Paris en Parlement, les Chambres aſſemblées, le vingt-huit Mai mil ſept cent ſoixante-onze.

Signé, VANDIVE.

Lille : De l'Imprimerie de N. J. B. PETERINCK-CRAMÉ, Imprimeur ordinaire du Roi.

EDIT DU ROI,

PORTANT Réglement pour la Clôture des Héritages dans les Provinces de Flandres, Hainaut & Pays y réunis, avec abolition du droit de Parcours.

Donné à Verſailles au mois de Mai 1771.

OUIS, par la grace de Dieu, Roi de France & de Navarre : A tous préſens & à venir. SALUT. Les loix que nous avons données juſqu'à préſent, pour rendre aux habitans du plus grand nombre des provinces de notre Royaume, la liberté naturelle d'enclore leurs héritages, ont produit les effets les plus avantageux pour le bien de l'Etat & l'intérêt particulier de nos Sujets. Pluſieurs villes & communautés du Hainaut nous ayant fait ſupplier de les faire participer aux mêmes avantages, nous nous ſommes fait rendre compte de l'état de l'Agriculture, tant dans cette province & dans les pays y réunis, tels que le pays Entre-Sambre & Meuſe, & d'Outre-Meuſe & Cambreſis, la châtellenie de Bouchain, Saint-Amand & Mortagne, que dans la Flandre maritime & la Flandre walonne. Nous avons remarqué que les terres y ſont cultivées avec ſoin, & qu'on en tire le meilleur parti poſſible ; que le droit de parcours y eſt inconnu dans le plus grand nombre des paroiſſes ; que celui de vaine pâture, aux termes de la plûpart des coutumes, n'y a lieu que ſur les terres qui ſont en plein repos, qu'il eſt libre de cultiver, comme on le juge à propos, & que par un ſimple ſigne convenu, on met les terres en défenſes contre le vain pâturage : Nous ſommes cependant informés que le droit de parcours a lieu dans quelques cantons ; que dans d'autres, même où il eſt libre de pratiquer des prairies artificielles, les habitans prétendent obliger ceux qui en ont formées, de les abandonner dans certains temps au vain pâturage, & qu'il y a quantité de propriétaires de prairies, qui ne peuvent profiter que de la premiere herbe, & qui ſont obligés d'abandonner la ſeconde aux communautés des lieux ; que cette ſervitude ou copropriété peut autant procéder de l'abus de la vaine pâture, que d'une poſſeſſion légitime. Nous avons cru que, pour encourager d'avantage l'induſtrie de nos ſujets deſdites provinces du Hainaut & Pays y réunis & de Flandres, nous devions, par une loi générale & uniforme, faire ceſſer tous les obſtacles qu'ils peuvent éprouver dans la liberté naturelle de jouir de leurs poſſeſſions, en y aboliſſant tous les abus que le droit de vain pâturage peut y avoir introduits, ſans porter atteinte néanmoins aux droits de propriété légitime des communautés. A CES CAUSES & autres à ce Nous mouvant, de l'avis de notre Conſeil & de notre certaine ſcience, pleine puiſſance & autorité royale, Nous avons, par le préſent Édit perpétuel & irrévocable, dit, ſtatué, ordonné; diſons, ſtatuons & ordonnons, voulons & Nous plaît ce qui ſuit.

ARTICLE PREMIER.

Nous permettons à tous propriétaires, cultivateurs, fermiers & autres nos ſujets du Hainaut & Pays y réunis, & de la Flandre walonne & maritime, de clore les terres, prés, champs, & généralement tous les héritages, de quelque nature qu'ils ſoient, qui leur appartiennent ou qu'ils cultivent en telle quantité qu'ils jugeront à propos, ſoit par des foſſés, haies vives ou ſéches, ou de telle autre manière que ce ſoit.

II.

Les terreins ainſi enclos ne pourront être aſſujettis à l'avenir & tant qu'ils reſteront en état de clôture au parcours, ni ouverts à la pâture d'autres beſtiaux, que de ceux à qui leſdits terreins appartiendront ou ſeront affermés, même après leur récolte, dans les temps qu'ils ſeroient ſans productions & repoſans; interprétant à cet effet toutes loix, coutumes, uſages & réglemens à ce contraires, & y dérogeant même en tant que de beſoin.

III.

La clôture des héritages ne pourra néanmoins avoir lieu au préjudice du paſſage des beſtiaux, pour aller ſur les terreins qui reſteront ouverts à la pâture, ni de celui des voitures ou charrues, pour la culture des terres & l'enlévement des récoltes; & à cet effet, tout propriétaire ou fermier ſera tenu de laiſſer ledit paſſage libre ſur ſon terrein, s'il y eſt aſſujetti valablement, ou qu'il ne puiſſe le clore, ſans l'intercepter totalement.

I V.

Les clôtures d'héritages ſe feront à frais & terrein communs entre les propriétaires d'iceux, s'ils y conſentent, & en cas de refus de la part des propriétaires voiſins, l'emplacement de la clôture ſera pris ſur le terrein que l'on voudra clore ; elle ſe fera aux dépens du propriétaire ou occupeur d'icelui, & en obſervant les diſtances preſcrites par les coutumes & uſages des lieux.

V.

Il n'en ſera néanmoins rien innové à l'uſage où ſont les habitans de noſdits pays, d'employer les ſignes ordinaires & accoutumés, pour garantir du vain pâturage les terres qu'ils auront mis en prairies artificielles, ou en toute autre eſpéce de culture : Voulons que cette manière, de défendre les héritages, continue d'y avoir lieu, ſans qu'aucuns autres que leſdits propriétaires ou fermiers y puiſſent introduire leurs beſtiaux, ſous prétexte que leſdits héritages ne ſeroient pas clos.

V I.

Dans les Paroiſſes où l'univerſalité des prairies, comme dans celles ou partie ſeulement deſdites prairies deviennent communes à tous les habitans, ſoit immédiatement après la récolte de la premiere herbe, ſoit dans tout autre temps limité, il ſera libre à tous propriétaires ou fermiers de faire clore le tout ou partie de celles qui leur appartiennent, pour les améliorer, les changer de culture en la forme & maniere preſcrite par les articles premier & deux de notre préſent Édit ; mais lorſqu'ils feront uſage de cette faculté, ils ne pourront plus envoyer paître leurs beſtiaux dans d'autres prairies qui ne ſeroient pas cloſes, & qui ne leur appartiendroient pas.

VII.

N'entendons cependant par les dispositions de l'article précédent, nuire ni préjudicier aux droits qu'aucunes desdites communautés pourroient avoir à la propriété desdites prairies, & qu'elles seroient en état de justifier par des titres valables; à l'effet de quoi les Mayeurs & Gens de Loi desdites Paroisses, seront tenus dans le délai d'une année, à compter du jour de la publication de notre présent Édit, de fournir pardevant les Juges des lieux, un état circonstancié des prairies que ces Paroisses prétendront devoir être communes, après la premiere ou seconde récolte, ensemble les titres & piéces justificatives des droits desdites communautés sur icelles, pour être lesdits titres avoués ou contestés par les propriétaires, sinon & à faute par lesdites communautés de faire ladite justification dans ledit délai, les déclarons pour toujours déchus de tous droits & prétentions sur les seconde & troisième herbes, & sur toute autre espéce de regain desdites prairies, nonobstant toute possession, usages locaux & coutumes à ce contraires, que Nous avons abrogés & abrogeons, & auxquels Nous avons expressément dérogé & dérogeons par notre présent Edit.

VIII.

Dans le cas où lesdites communautés justifieroient par la représentation des titres, du droit qu'elles ont au regain desdites prairies, Voulons, pour procurer, autant qu'il est en Nous, l'amélioration desdites prairies, qu'à l'avenir les Mayeurs & Gens de Loi d'icelles, soient tenus de traiter desdits regains avec les propriétaires de la premiere herbe, au prix le plus avantageux pour lesdites communautés qu'il sera possible; si mieux n'aiment lesdits propriétaires & communautés faire procéder de concert entre-eux, & à la maniere accoutumée, à l'adjudication desdites prairies, pour être le prix en provenant distribué; sçavoir, les deux tiers à ceux qui ont droit à la premiere herbe, & l'autre tiers à ceux à qui le regain seulement appartient.

IX.

Interdisons tout parcours réciproque de bestiaux & de troupeaux entre les communautés voisines & adjacentes de nosdits pays de Hainaut & pays y réunis, & de Flandres : Voulons que ce droit de parcours, les uns sur les autres, soit & demeure aboli, comme nous l'abolissons par notre présent Edit. SI DONNONS EN MANDEMENT à nos amés & féaux les Gens tenant notre Cour de Parlement à Douay, que notre présent Edit ils aient à faire lire, publier & registrer, & le contenu en icelui garder, observer & exécuter selon sa forme & teneur, nonobstant tous Edits, Déclarations, Arrêts & autres choses à ce contraires, auxquels nous avons dérogé & dérogeons par le présent Edit, aux copies du quel collationnées par l'un de nos amés & féaux Conseillers-Secrétaires, Voulons que foi soit ajoutée comme à l'original. CAR TEL EST NOTRE PLAISIR; & afin que ce soit chose ferme & stable à toujours, nous y avons fait mettre notre scel. DONNÉ à Versailles au mois de Mai, l'an de Grace mil sept cent soixante-onze, & de notre Règne le cinquante-sixième. *Signé*, LOUIS. *Et plus bas : PAR LE ROI. Signé*, MONTEYNARD. *Vû au Conseil :* TERRAY. *Visa*, DE MAUPEOU. Pour clôture d'héritages & abolition du droit de parcours.

Signé, MONTEYNARD.

Lu, publié, l'audience tenant cejourd'hui quatorze Juin mil sept cent soixante-onze, & enrégistré au Greffe de la Cour de Parlement de Flandres; ouï, & ce requérant le Procureur général du Roi en icelle, pour être exécuté selon sa forme & teneur, & copies d'icelui envoyées aux Bailliages & autres Siéges inférieurs, pour y être pareillement lu, publié & regiſtré, conformément à l'Arrêt de ladite Cour, du dix deſdits mois & an que deſſus. Signé, *MAZENGARBE.*

Lu & publié ès plaids de la Gouvernance & ſouverain Bailliage de Lille, du 5 Juillet 1771, & enrégiſtré au Greffe dudit Siége; ouï, & ce requérant le Procureur du Roi, par le Greffier dudit Siége ſouſſigné.

Signé, *D. J. M. POTTEAU.*

Lille : De l'Imprimerie N. J. B. PETERINCK-CRAMÉ, Imprimeur ordinaire du Roi.

DE PAR LE ROI.

ANTOINE-LOUIS-FRANÇOIS

LE FEVRE DE CAUMARTIN,

CHEVALIER, Marquis de St. Ange, Comte de Moret, Seigneur de Caumartin, Boissy-le-Châtel, Ville-Cerf, Dormeilles, Ville St. Jacques, Flagy, la Commanderie & autres Lieux, Grand-Croix, Chancelier & Garde des Sceaux de l'Ordre Royal & Militaire de St. Louis, Conseiller du Roi en ses Conseils, Maître des Requêtes ordinaire de son Hôtel, Intendant de Flandres & Artois.

NOUS ayant été représenté par Messieurs les Députés des États de Lille, Douay & Orchies, qu'ils ont besoin annuellement de la quantité de deux cent mille Grés, pour l'entretien des Chaussées de la Province, & que s'il étoit accordé des Permis aux différens particuliers, ou aux administrations des autres Provinces, qui en sollicitent pour tirer des Grés des Carrières de Flandres, ces enlévemens multipliés les empêcheroient de ſe procurer la quantité qui leur eſt néceſſaire : A quoi étant néceſſaire de pourvoir ; Nous, Intendant, avons ſuſpendu juſqu'à nouvel ordre l'effet de toutes permiſſions que nous aurions accordées pour l'enlévement d'aucuns Grés des Carrières de la Flandre. Faiſons en conſéquence très-expreſſes inhibitions & défenſes à tous Inſpecteurs des Carrières, de laiſſer enlever aucuns Grés, autres que ceux provenans des déchets & de l'échantillon de 5 à 6 pouces au plus, qui peuvent être actuellement fabriqués ſur les Carrières, ſans qu'il puiſſe être permis aux ouvriers d'en préparer de la même eſpéce, avant que la Province ſoit approviſionnée de la quantité ci-deſſus énoncée, à peine de cinq cens livres d'amende, & de tous dépens, dommages & intérêts ; & ſera la Préſente ſignifiée à tous les Fabricateurs de Grés, & publiée & affichée, ſi beſoin eſt, à ce que perſonne n'en ignore.

Fait le 11 Mai 1771. *Signé*, CAUMARTIN.

Lille : De l'Imprimerie de N. J. B. PETERINCK-GRAMÉ, Imprimeur ordinaire du Roi.

ARREST
DU CONSEIL D'ETAT DU ROI,

Qui autorise les Etats de Lille, Douay & Orchies à faire prendre les Matériaux, pour la fabrication des Pavés & autres nécessaires pour la construction & réparation des Chemins, dans tous les fonds & terreins desdites Châtellenies où il s'en trouvera, à la charge par eux de payer aux Propriétaires desdits fonds & terreins, le dixiéme de la valeur des Grés & Gresseries qui en seront tirés, déduction faite de tous frais.

Du 21 Mai 1771.

EXTRAIT DES REGISTRES DU CONSEIL D'ETAT.

SUR la Requête présentée au ROI, étant en son Conseil, par les Députés des Etats de Lille, Douay & Orchies, contenant qu'ils ont employé depuis plusieurs années tous les moyens qui ont dépendus d'eux, pour assurer la solidité des grands chemins par une bonne fabrication de Pavés, & pour prévenir l'épuisement des Carrières de Grés dans leur Province, où elles ſont très-rares; mais que les manœuvres, employées par des intérêts particuliers, ſe ſont oppoſées à leurs vues pour le bien public dans cette partie; que ſur les repréſentations deſdits Etats, le Sr. Intendant & Commiſſaire départi dans la Province, a rendu le 20 Février 1759, une Ordonnance qui preſcrit la forme dans laquelle doivent être fabriqués les Pavés & bordures des Chauſſées, & qui contient différentes précautions relativement à leur tranſport dans les lieux de leur deſtination; cette Ordonnance n'ayant pû être exécutée dans toutes ſes diſpoſitions, parce que les Propriétaires des terres, où il y a des Grés, refuſoient d'y laiſſer fouiller les Ouvriers employés par les Etats, & préféroient de vendre leurs Carrières à des marchands de Grés, qui faiſoient fabriquer des Pavés, ſans obſerver les dimenſions portées par l'Ordonnance du 20 Février 1759, pour avoir le prétexte d'obtenir une permiſſion de les faire paſſer à l'Etranger. Ledit Sr. Commiſſaire départi auroit rendu une ſeconde Ordonnance le 25 Août 1763, portant que les Etats tireront les Grés privativement à tous autres, dans toutes les terres de la Châtellenie de Lille, où il pourra s'en trouver, à la charge par eux de pourvoir à l'indemnité des Propriétaires deſdites terres, ſur le pied du dixième de la valeur des Grés qui en ſeront tirés, & de faire remettre leſdites terres en état d'être labourées après l'extraction des Grés, en prenant la précaution de combler les trous avec les retailles deſdits Grés, & de régaler les bonnes terres par-deſſus en aſſez grande quantité, pour qu'elles puiſſent être miſes en valeur; la même Ordonnance à fait défenſe à tous Propriétaires des terreins, où il ſe trouvera des Carrières de Grés, d'en faire faire l'extraction ſous quelque prétexte que ce ſoit, ſi ce n'eſt pour leur uſage particulier, & à toutes perſonnes, autres que celles qui ſeront employées par les Etats, de faire ouvrir de nouvelles Carrières, ni de continuer l'exploitation de celles déja ouvertes, sauf aux Entrepreneurs des ouvrages de Sa Majesté, qui pourront avoir besoin de Grés pour l'exécution de leurs entreprises, à se pourvoir pardevant le Commissaire départi, pour en obtenir les quantités qui leur seront nécessaires. Les Etats avoient lieu de croire que cette derniere Ordonnance auroit mis fin à toutes difficultés, puisqu'elle concilioit l'intérêt public avec celui des Propriétaires ou Locataires des terreins, où il y a des Carrières de Grés; mais d'aussi sages dispositions n'ont pas produit l'effet qu'on en attendoit; les Propriétaires ou Locataires desdits terreins continuent de faire des conventions avec des marchands de Grés, qui font fabriquer le plus qu'ils peuvent des Pavés d'une qualité qui ne convient pas aux Etats, pour avoir la liberté de les vendre à qui ils jugent à propos, ce qui non seulement fait renchérir les matières & épuise les Carrières, mais encore occasionne des difficultés avec les Propriétaires des fonds & les marchands briseurs. Requéroient à ces causes lesdits Députés, qu'il plût à Sa Majesté, autoriser les Etats de Lille, Douay & Orchies à prendre les matières nécessaires à la construction, réparation & entretien des Chaussées, par-tout où il s'en trouvera dans l'étendue de leurs Châtellenies, en payant aux Propriétaires des fonds le dixiéme de la valeur des Grés & Gresseries, déduction faite de tous frais, & ordonner en outre tel Réglement qu'il plaira à Sa Majesté, relativement à l'extraction desd. matières. Vû ladite Requête, ensemble l'avis du Sr. de Caumartin, Intendant & Commissaire départi en Flandres & Artois. Ouï le rapport du Sr. Abbé Terray, Conseiller ordinaire, & au Conseil Royal Contrôleur général des Finances; LE ROI ÉTANT EN SON CONSEIL, a autorisé & autorise les Etats de Lille, Douay & Orchies à faire prendre les Matériaux néceſſaires, pour la fabrication des Pavés & autres néceſſaires, pour la conſtruction & réparation des chemins, dans tous les fonds & terreins deſdites Châtellenies, où il s'en trouvera, à la charge par eux de payer aux Propriétaires deſdits fonds & terreins, le dixiéme de la valeur des Grés & Greſſeries qui en ſeront tirés, déduction faite de tous frais : A ordonné & ordonne Sa Majeſté.

ARTICLE PREMIER.

Que les Etats feront ſonder chaque année dans les mois de Mars & d'Avril, les piéces de terres où il pourra ſe trouver des Grés, & arrêteront enſuite l'état des Carrières où l'on travaillera, en préférant celles déja ouvertes ; & pour celles à ouvrir, les terres qui devront reſter en jachères, & dont l'indemnité ſera la moins diſpendieuſe, & ſera ladite indemnité réglée à l'amiable avant de commencer l'ouvrage, ou à dire d'Experts convenus ou nommés d'Office, en cas de difficulté, par le Sr. Intendant & Commiſſaire départi en ladite Province.

II.

Les Etats feront ſçavoir avant la moiſſon aux Propriétaires des terres, où il y aura des Grés, celles dans leſquelles on aura arrêté d'en faire extraire, & les préviendront qu'après la moiſſon il ſera travaillé à ladite extraction, en leur payant le dixiéme de ce qui ſera extrait & compté ſur la Carrière en préſence du Contrôleur établi par les Etats, & de la perſonne prépoſée par les Propriétaires, s'ils jugent à propos d'en commettre une, au jour qui leur ſera indiqué, & ſur le pied du prix convenu, lequel payement ſera fait par le Receveur des Etats, au Bourg de l'Ecluſe, à chacun des Propriétaires, immédiatement après que le compte aura été arrêté ſur les Carrières ; ſeront en outre leſdits Etats tenus de faire remettre les terres en état d'être labourées, conformément à l'Ordonnance du Commissaire départi, du vingt-cinq Août mil sept cent soixante-trois.

I I I.

Lorsqu'il y aura des Carrières ouvertes, les Propriétaires ou Locataires pourront labourer les terres dans les contours; & dans ce cas, il ne leur sera payé d'indemnité que pour les parties de terres qui n'auront pu être labourées.

I V.

Lorsque les Briseurs seront obligés de faire passer leurs Grés au travers des terres cultivées, ils seront tenus de convenir amiablement avec les Fermiers ou Propriétaires du dédommagement, & en cas de contestation, au dire d'Experts avec l'intervention des Employés des Etats.

V.

Dans les chemins où il se trouvera des Grés, les Briseurs n'ouvriront lesdits chemins que par partie, de manière qu'il en soit laissé au moins la moitié de libre pour le passage d'un Chariot, & ils ne pourront ouvrir l'autre moitié l'année suivante, que quand l'autre moitié aura été remplie & consolidée, en conservant toujours l'écoulement des Eaux de la même manière qu'avant l'extraction des Grés.

V I.

Les Briseurs n'ouvriront les Carrières que d'un côté de la piéce de terre, & ne pourront en ouvrir d'autres qu'après l'entier épuisement de celles qu'ils auront entreprises, & dans les endroits où il n'y aura que des Blocs séparés, lesdits Briseurs se borneront à les tirer les uns après les autres, en observant de remplir le premier trou & d'en régaler l'emplacement avant d'en ouvrir un nouveau, & ainsi successivement jusqu'à la fin.

V I I.

Dans la diſtribution des Briſeurs ſur les anciennes ou nouvelles Carrières, le Contrôleur réunira au même Attelier ceux qui travaillent ordinairement enſemble, & il aura égard autant qu'il ſera poſſible aux recommandations des Propriétaires ou Fermiers.

V I I I.

Les Propriétaires ou Fermiers ſeront préférés pour le Charois des Grés fabriqués ſur leurs terres, moyennant le prix ordinaire, & en faiſant voiturer les Grés depuis le premier Mai juſqu'au premier Juillet de chaque année.

I X.

Les Briſeurs ni aucuns autres particuliers ne pourront travailler dans les anciennes Carrières, ni en ouvrir de nouvelles, ſous quelque prétexte que ce ſoit, ſans un ordre des Etats ou du Commiſſaire départi dans la Province.

X.

Tous ceux qui ont des Grés fabriqués ſur les Carriéres, les feront épincer & voiturer inceſſamment au Rivage de la Riviere de Scarpe, faute de quoi, ils ſeront épincés & voiturés à leurs frais par ordre des Etats.

X I.

Les Carrières ouvertes, où il reſte des Grés à tirer, ayant coûté des frais de main-d'œuvre pour la fouille des terres, les Briſeurs employés par les Etats ſeront tenus, au cas qu'ils y travaillent, de payer à ceux qui auront commencé l'exploitation, un dédommagement proportionné à la quantité de Grés qui reſtera à tirer, ce qui ſera réglé à l'amiable entre les premiers Ouvriers & les Briſeurs des Etats, avec l'intervention du Contrôleur, & en cas de difficulté, à dire d'Experts convenus ou nommés d'Office par le Commiſſaire départi, ou ſon Subdélégué, en préſence dudit Contrôleur intervenant.

X I I.

On ne pourra faire aucunes Gresseries, sans une permission expresse des Etats ou du Commissaire départi, laquelle sera remise au Contrôleur, qui veillera à ce qu'on n'en fabrique pas au-delà des quantités qui auront été accordées.

X I I I.

A mesure que les Pavés seront fabriqués, les Briseurs en feront des tas séparés de chaque espèce, & ils avertiront le Contrôleur qui les fera compter sur le champ & ensuite voiturer au Rivage de la Scarpe; le même Contrôleur sera tenu d'employer des Ouvriers aux frais des Brisseurs, dans le cas où ceux-ci ne travailleroient pas avec l'exactitude convenable.

X I V.

A mesure que les Pavés & Gresseries, ordonnés par les Etats, seront fabriqués, comptés, enrégistrés & voiturés aux Rivages, les Etats les feront payer à chaque Chef de Briseurs, à raison du prix ordinaire qui sera rendu public, en retenant auxdits Briseurs les frais de Rivage, comptage, voiture & dédommagement des Propriétaires & Fermiers, sur le pied des Articles ci-dessus, & des Conventions faites & à faire avec les Briseurs, lesquelles seront aussi rendues publiques chaque année.

X V.

Les Administrations ou Particuliers, qui auront besoin de quelque espéce de Grés ou Gresseries que ce puisse être, seront tenus d'en faire la demande au Commissaire départi avant le mois de Février de chaque année; les permissions contiendront la quantité & qualité des Grés accordés, & elles seront rapportées sur le champ au Greffe des Etats, pour y être enrégistrées; & les ordres seront en conséquence expédiés par les Etats, pour que la fourniture soit faite de leurs Magasins, toutes conventions particulières avec les Briſeurs ne pouvant avoir d'effets en pareil cas ; Sa Majeſté ayant attribué le droit excluſif pour l'extraction deſdits Grés auxdits Etats, ſous l'inſpection du Sr. Intendant & Commiſſaire départi.

XVI.

Veut & entend Sa Majeſté, que toutes les conteſtations qui pourront naître ſur l'exécution du préſent Arrêt, ſoient portées devant ledit Sr. Intendant & Commiſſaire départi en ladite Province, que Sa Majeſté a commis & commet, pour les juger Souverainement & en dernier Reſſort, lui attribuant à cet effet toute Cour, Juriſdiction & connoiſſance, icelle interdiſant à toutes ſes Cours & autres Juges. Fait Sa Majeſté très-expreſſes défenſes à toutes Parties, de faire aucunes pourſuites ni procédures pour raiſon de ce, ailleurs que devant ledit Sr. Intendant, à peine de nullité, caſſation des Procédures, & de tous dépens, dommages & intérêts ; & ſeront ſur le préſent Arrêt toutes Lettres néceſſaires expédiées. Fait au Conſeil d'Etat du Roi, Sa Majeſté y étant, tenu à Verſailles le vingt-un Mai mil ſept cent ſoixante-onze.

Signé, MONTEYNARD.

ANTOINE-LOUIS-FRANÇOIS LE FEVRE DE CAUMARTIN, *Chevalier, Marquis de St. Ange, Comte de Moret, Seigneur de Caumartin, Boiſſy-le-Châtel, Ville-Cerf, Dormeilles, Ville St. Jacques, Flagy, la Commanderie & autres Lieux, Conſeiller du Roi en ſes Conſeils, Maître des Requêtes ordinaire de ſon Hôtel, Grand-Croix, Chancelier & Garde des Sceaux de l'Ordre Royal & Militaire de St. Louis, Intendant de Juſtice, Police & Finances des Provinces de Flandres & d'Artois.*

Vû l'Arrêt du Conſeil d'Etat ci-deſſus. Nous Intendant ſuſdit, ordonnons qu'il ſera exécuté ſelon ſa forme & teneur, à cet effet il ſera lû, publié & affiché partout où beſoin ſera, à ce que perſonne n'en ignore. Fait le 18 *Juin* 1771.

Signé, CAUMARTIN.

Lille : De l'Imprimerie de N. J. B. PETERINCK-CRAMÉ, Imprimeur ordinaire du Roi.

ARREST DU CONSEIL D'ETAT DU ROI,

Qui ordonne que les droits à la circulation des Peaux & Poils de lièvres & de lapins, seront perçus à l'entrée & à la sortie des cinq grosses Fermes, conformément au Tarif de 1664; & dans les Provinces réputées étrangères suivant les Tarifs qui y ont lieu.

Du 26 Mai 1771.

Extrait des Registres du Conseil d'Etat.

LE ROI s'étant fait représenter, en son Conseil, l'Arrêt qui y a été rendu le 16 Septembre 1770, portant augmentation de droits sur les Peaux & Poils de lièvres & de lapins à la sortie du Royaume, & que lesdits Poils & Peaux ne seront, à leur circulation dans les Provinces de l'intérieur, sujets à d'autres qu'à ceux du Tarif de 1664; Sa Majesté auroit remarqué que cette derniere disposition étoit susceptible d'interprétation, en ce qu'elle paroîtroit supprimer les droits qui se perçoivent sur cette marchandise dans les Provinces réputées étrangères, en vertu des Tarifs locaux qui y ont lieu, ou qu'elle les assujettiroit à ceux portés par celui de 1664: Que pour lever toute équivoque sur cet objet, il a paru à Sa Majesté indispensable d'expliquer plus particuliérement ses intentions. Ouï le rapport du Sr. Abbé Terray, Conseiller ordinaire au Conseil royal, Contrôleur général des Finances; LE ROI ÉTANT EN SON CONSEIL, expliquant, en tant que de besoin, l'Arrêt qui y a été rendu le 16 Septembre dernier, a ordonné & ordonne que les droits à la circulation des Peaux & Poils de lièvres & de lapins dans le Royaume, seront perçus à l'entrée & à la sortie des Cinq grosses Fermes, conformément au Tarif de 1664; & dans les Provinces réputées étrangères, en exécution des Tarifs locaux qui y ont lieu, le tout ainsi qu'il étoit d'usage avant ledit Arrêt du 16 Septembre 1770; lequel sera au surplus exécuté. Enjoint au Sr. Lieutenant général de Police de la ville de Paris, & aux sieurs Commissaires départis dans les généralités du Royaume, de tenir la main à l'exécution du présent Arrêt, lequel sera imprimé, lû, publié & affiché par-tout où besoin sera, à ce qu'aucun n'en ignore, & exécuté nonobstant tous empêchemens quelconques, pour lesquels ne sera différé, & dont si aucuns interviennent, Sa Majesté s'en réserve la connoissance & à son Conseil. FAIT au Conseil d'État du Roi, Sa Majesté y étant, tenu à Versailles le vingt-six Mai mil sept cent soixante-onze.

Signé, PHELYPEAUX.

ANTOINE - LOUIS - FRANÇOIS LE FEVRE DE CAUMARTIN, *Chevalier, Marquis de St. Ange, Comte de Moret, Seigneur de Caumartin, Boiſſy-le-Châtel, Ville-Cerf, Dormeilles, Ville St. Jacques, Flagy, la Commanderie & autres Lieux, Conſeiller du Roi en ſes Conſeils, Maître des Requêtes ordinaire de ſon Hôtel, Grand-Croix, Chancelier & Garde des Sceaux de l'Ordre Royal & Militaire de St. Louis, Intendant de Flandres & d'Artois.*

Vû l'Arrêt du Conſeil d'État du Roi ci-deſſus: Nous ordonnons que ledit Arrêt ſera exécuté ſelon ſa forme & teneur, & à cet effet imprimé, lû, publié & affiché dans notre Département, par-tout où beſoin ſera, à ce que perſonne n'en ignore. FAIT le 23 Juin 1771. Signé, *CAUMARTIN.*

Lille : De l'Imprimerie de N. J. B. PETERINCK - CRAMÉ, Imprimeur ordinaire du Roi.

ARREST
DU CONSEIL D'ETAT
DU ROI,

Portant révocation des Priviléges de l'exemption du paiement des droits dans la mouvance du Roi.

Du 26 Mai 1771.

Extrait des Regiſtres du Conſeil d'État.

SA MAJESTÉ uniquement occupée du ſoin de rétablir une juſte balance entre la recette & la dépenſe néceſſaires pour ſatisfaire aux charges de ſon Etat, ſans recourir à des moyens onéreux à ſes ſujets, a été principalement frappée de voir que, quoique ſes mouvances & directes fuſſent extrêmement étendues, & que par conſéquent les droits à Elle dûs à cauſe des mutations des biens qui y ſont ſitués, duſſent naturellement former un produit conſidérable, il ſe trouvoit néanmoins preſque entiérement anéanti, ſoit par les priviléges d'exemptions qui ont été accordés, ſoit par les inconvéniens qui en réſultent au préjudice du recouvrement de ſes droits, même à l'égard de ceux qui ne jouiſſent point deſdits priviléges, mais qui s'en font un motif pour obtenir de fortes remises sur les droits qu'ils devroient payer en s'annonçant comme prêts à acquérir un des Offices auxquels ce privilége est accordé, si on ne leur fait pas la remise qu'ils règlent eux-mêmes, & sous prétexte de ne pouvoir sans cela concourir aux acquisitions des biens assis dans ses mouvances & directes. Par le compte que le Roi s'est fait rendre de l'origine de ces priviléges, Sa Majesté a reconnu que la concession en a été absolument gratuite, puisque si quelques Corps ou Officiers ont payé quelques finances pour les obtenir ou pour y être confirmés, il leur a été en même-tems accordé des gages ou augmentations de gages proportionnés auxdites finances: Sa Majesté ne s'est cependant point dissimulé que quelques-uns de ces priviléges avoient eu pour objet de récompenser les services qui lui ont été rendus, principalement par les Chevaliers de ses Ordres & les Officiers de son Conseil & de plusieurs de ses Cours; mais Sa Majesté ne doute pas qu'ils ne se portent volontiers à faire ce sacrifice pour le bien de l'Etat, & qu'ils se verront sans peine privés de la jouissance d'une exemption que leur désintéressement leur rend en général peu utile: En rentrant ainsi dans la partie la plus noble de son Domaine, presqu'entiérement détruit par la multiplication des priviléges, Sa Majesté ne fait que se conformer au vœu général des Ordonnances les plus anciennes, qui défendent de bailler aucune exemption de paiement des droits appartenans & dépendans de ses Domaines, en quelque forme & façon que ce soit, déclarant nulles les exemptions qui en seroient accordées, & font défenses à ses Cours de Parlement & Chambres des Comptes, d'avoir égard aux Lettres patentes contenant lesdites concessions; ces concessions sont devenues encore plus importantes, & forment une lésion au Domaine de Sa Majesté, d'autant plus grande que le prix des fonds ayant successivement augmenté, les privilégiés trouvent souvent dans l'exemption des droits d'une seule acquisition, une somme supérieure au prix de l'Office qui leur procure ce privilége. Il ne seroit pas juste que les Engagistes des Domaines de Sa Majesté, qui n'ont obtenu l'engagement des droits de mutation, qu'à la charge de laisser jouir les exempts de leurs priviléges, profitassent de leur révocation; & la distinction qu'on seroit obligé de faire à chaque mutation, de la qualité des acquérans, pour connoître les cas où lesdits droits devroient être recouvrés au profit de Sa Majesté, ou être payés aux Engagistes, deviendroit le principe des contestations les plus multipliées. Ces considérations ont déterminé Sa Majesté à révoquer les aliénations qui ont été faites à titre d'engagement des droits de mutation des biens situés dans les mouvances & directes des Domaines qui ont été engagés, en réservant aux Engagistes la liberté, dans le cas où la privation de ces droits leur feroit éprouver quelque lésion, de remettre les Domaines qu'ils tiennent de Sa Majesté, en recevant le remboursement des finances qu'ils ont payées. Les précautions que Sa Majesté prend pour que la totalité du produit de ces droits soit versée dans son Trésor royal, à la seule déduction des frais indispensables de recouvrement, ne peuvent que rendre cette opération plus utile à Sa Majesté & à ses peuples. Et voulant par ces motifs sur ce pourvoir: Ouï le rapport du sieur Abbé Terray, Conseiller ordinaire au Conseil Royal, Contrôleur général des finances; LE ROI ÉTANT EN SON CONSEIL, a ordonné & ordonne ce qui suit.

ARTICLE PREMIER.

Sa Majesté a révoqué & révoque tous priviléges d'exemptions de droits à Elle dûs aux mutations des biens étant dans ses mouvances & directes.

II.

Comme aussi Sa Majesté a révoqué & révoque les aliénations qui ont été faites desdits droits aux Engagistes de ses Domaines, sauf à ceux desdits Engagistes qui se trouveront lésés, à remettre les Domaines par eux tenus en engagement: Veut, audit cas, Sa Majesté qu'ils soient remboursés des finances qu'ils justifieront avoir payées.

III.

Le recouvrement desdits droits, tant dans les Domaines étant dans les mains de Sa Majesté, que dans ceux tenus en engagement, sera fait par les Receveurs généraux des Domaines, en la manière accoutumée, & conformément au réglement qui sera arrêté à cet effet.

IV.

Attribue Sa Majesté auxdits Receveurs généraux & autres Officiers de ses Domaines, un sou pour livre seulement du produit desdits droits, à quoi Elle a réduit les six sous qui leur étoient précédemment accordés: Et sera ledit sou partagé entre eux dans la même proportion établie pour la division desdits six ſous ; à la charge par chacun d'eux de contribuer dans ladite proportion aux frais de recouvrement.

V.

Les Receveurs généraux des Domaines ſeront tenus d'envoyer tous les trois mois au Contrôleur général des finances l'état du produit de ceux deſdits droits qui auront été perçus par eux, & d'en verſer le produit au Tréſor royal tous les mois, à la ſeule déduction du ſou pour livre qui leur eſt attribué, & qu'ils retiendront par leurs mains.

VI.

L'Indemnité dûe à l'Adjudicataire des Fermes générales, à cauſe de la jouiſſance qu'il avoit des quatorze ſous pour livre deſdits droits, eſt & demeure fixée à trois cent cinquante mille livres par chaque année ; de laquelle ſomme il lui ſera annuellement tenu compte ſur le prix de ſon bail, pendant la durée d'icelui. Et ſeront ſur le préſent Arrêt toutes Lettres néceſſaires expédiées. Fait au Conſeil d'État du Roi, Sa Majeſté y étant, tenu à Verſailles le vingt-ſix Mai mil ſept cent ſoixante-onze.

Signé, Phelypeaux.

Lille : De l'Imprimerie de N. J. B. Peterinck-Cramé, Imprimeur ordinaire du Roi.

ORDONNANCE
DE NOSSEIGNEURS
LES PRÉSIDENS ET TRÉSORIERS
DE FRANCE,

Généraux des Finances, Juges des Domaines & Grands-Voyers de la Généralité de Flandres, Artois, Hainaut & Cambresis,

Portant défenses à tous particuliers & Communautés, de faire ou ériger aucuns Moulins à eau, à vent, à bras ou à cheval, qu'au préalable ils n'en aient obtenu la permission de Sa Majesté, à peine de démolition & de confiscation des matériaux, conformément aux Placards de 1547, 1628, *& Arrêts de* 1678, 1700 *&* 1701.

Du 7 Juin 1771.

UR ce qui nous a été remontré par le Procureur du Roi, qu'il se voyoit obligé de dénoncer chaque jour à la Cour, les entreprises formées par différens particuliers & communautés de l'Artois, concernant la construction des nouveaux Moulins qu'ils y érigeoient sans permission, au préjudice du droit de vent & d'eau, appartenant à Sa Majesté, & nonobstant la contestation qui s'instruit à cet égard au Conseil d'Etat, entre le Remontrant agiſſant d'Office, pourſuite & diligence du Fermier général des Domaines & les Etats de cette Province; conteſtation dans laquelle les Etats ont déja ſuccombé au Conſeil par Arrêt du 18 Juin 1678, rendu contradictoirement entre eux & Charles Renould, Sous-Fermier des Domaines, ſur l'avis de M. de Breteuil, pour lors Intendant d'Artois & Picardie; que c'eſt un principe général que, pendant la litiſpendance, on ne doit point innover, ni rien changer à l'état des choſes; mais combien ce principe doit-il être plus particuliérement adopté, lors qu'il s'agit des droits du Souverain, & des prérogatives & prééminence de ſa Couronne; qu'il eſt extraordinaire que les habitans de l'Artois, non contens de s'oppoſer à l'exercice d'un droit auſſi inconteſtable, uſurpent encore la proviſion qui n'étoit due qu'à Sa Majeſté, & ſe perpétuent par là, de leur autorité privée, dans une poſſeſſion d'autant plus condamnable, qu'elle les met pour ainſi dire hors d'intérêt à l'égard de l'objet principal. Qu'en effet le Procès n'eſt pas plus inſtruit de leur part, qu'il ne l'étoit il y a ſoixante-dix ans, & que cependant les Moulins depuis cette époque ſe ſont multipliés en Artois à un point qui n'eſt pas croyable; mais que plus les Etats de la Province affectent d'éloigner la déciſion que le Fermier ſollicite, plus il eſt du devoir du Remontrant de requérir que les particuliers ſoient du moins arrêtés dans leurs entrepriſes journalières, & que l'autorité mette un frein à cette jouiſſance illicite, d'où réſulte, ſinon l'extinction du droit, qui par ſa nature eſt immuable, comme la Souveraineté dont il émane, du moins l'éloignement de la perception qui ne devoit jamais être interrompue; qu'en conſéquence le Remontrant défére à la Juſtice de la Cour, le Moulin conſtruit depuis quelques jours au village de Molinghem, par le nommé Robert Lefebvre, ſans octroi de Sa Majeſté, & ſans qu'il ſe ſoit ſoumis à payer à ſon Domaine la reconnoiſſance preſcrite par les Arrêts, que la conſtruction de ce Moulin a cela de plus directement contraire aux intérêts du Roi, que les Moulins de Sa Majeſté, qui n'en ſont pas éloignés, en recevroient un préjudice notable, & que d'ailleurs il ſe trouve ſitué à cinq cens pas ou environ d'un autre Moulin, dont le Propriétaire fut condamné, par Jugement du Bureau du 6 Novembre 1749, à payer au Domaine la reconnoiſſance dont il s'agit; qu'il eſt dont néceſſaire de réprimer cette uſurpation particulière, & de porter en même tems des défenſes générales à tous particuliers & communautés de l'Artois, d'en former de ſemblables à l'avenir, juſqu'à la déciſion de la conteſtation d'entre le Remontrant & les Etats de la Province.

A ces Causes requéroit ledit Procureur du Roi, que le nommé Robert Lefebvre soit assigné à comparoître à l'Audience de quinzaine, pour se voir faire défense de faire usage de son Moulin, jusqu'à la décision du Procès, concernant le Droit de vent & d'eau dans les Provinces d'Artois, pendant au Conseil d'Etat du Roi, à peine de démolition à ses frais, & les matériaux confisqués au profit de Sa Majesté; & qu'il soit en outre fait très-expresses inhibitions & défenses, par provision, à tous particuliers & communautés dans cette Province, de faire ériger aucuns nouveaux Moulins à eau, à vent, à bras ou à cheval, jusqu'à ce qu'il ait plû à Sa Majesté de prononcer définitivement par Arrêt de son Conseil sur ladite contestation, à peine de démolition d'iceux à leurs frais, & & de confiscation comme-dessus, conformément aux Placards de 1547, 1628, & Arrêts de 1678, 1700 & 1701, si mieux n'aiment lesdits particuliers ou communautés se pourvoir, par provision, de Lettres d'Octroi de Sa Majesté, en la forme ordinaire, ainsi qu'il se pratique dans les Provinces de Flandres & Haynaut; & que l'Ordonnance à intervenir soit imprimée, lue, publiée & affichée par-tout où besoin sera, à la requête du Remontrant, & à la diligence du Fermier général des Domaines, à ce que personne n'en puisse prétendre cause d'ignorance, & ait à s'y conformer.

Vû ledit Requisitoire, & y ayant égard; ouï le rapport du Sr. Renault, Trésorier de France; & tout considéré : Nous avons ordonné & ordonnons que le nommé Robert Lefebvre sera assigné à comparoître à l'Audience de quinzaine, pour se voir faire défense de faire usage de son Moulin, jusqu'à la décision du Procès, concernant le Droit de vent & d'eau dans la Province d'Artois, pendant au Conseil d'Etat du Roi, à peine qu'il sera démoli à ses frais, & les matériaux confisqués au profit de Sa Majesté; faisant en outre très-expresses inhibitions & défenses, par provision, à tous particuliers & communautés dans cette Province, de faire ou ériger aucuns nouveaux Moulins à eau, à vent, à bras ou à cheval, jusqu'à ce qu'il ait plû à Sa Majesté de prononcer définitivement par Arrêt de son Conseil sur ladite contestation, à peine de démolition d'iceux à leurs frais, & de confiscation comme-dessus, conformément aux Placards de 1547, 1628, & Arrêts de 1678, 1700 & 1701, si mieux n'aiment lesdits particuliers ou communautés se pourvoir, par provision, de Lettres d'Octroi de Sa Majesté, en la forme ordinaire, ainsi qu'il se pratique dans les Provinces de Flandres & Haynaut : Ordonnons que la présente Ordonnance ſera imprimée, lue, publiée & affichée par-tout où beſoin ſera, à la requête du Remontrant, & à la diligence du Fermier général des Domaines, à ce que perſonne n'en puiſſe prétendre cauſe d'ignorance, & ait à s'y conformer : Mandons au premier notre Huiſſier ſur ce requis, de faire, pour l'exécution des préſentes, tous Actes & Exploits néceſſaires. Donné au Bureau des Finances & Domaines de la Généralité de Lille, ſous notre ſcel ordinaire, le ſept Juin mil ſept cent ſoixante-onze.

Signé, T. C. HOVYN, *Par Ordonnance.*

LILLE : De l'Imprimerie de N. J. B. PETERINCK-CRAMÉ, Imprimeur ordinaire du Roi.

DECLARATION DU ROI,

PORTANT rappel des Prêtres décrétés ou bannis.

Donnée à Marly le 15 Juin 1771.

Regiſtrée en Parlement le dix-neuf Juin 1771.

OUIS, par la grace de Dieu, Roi de France & de Navarre : A tous ceux qui ces préſentes Lettres verront; SALUT. Le Clergé de notre Royaume Nous ayant pluſieurs fois ſupplié de jetter un regard favorable ſur la ſituation de pluſieurs Eccléſiaſtiques qui ont été pourſuivis à l'occaſion des diviſions qui ont agité l'Egliſe & l'Etat, Nous nous y ſommes déterminé d'autant plus volontiers, que Nous avons lieu d'eſpérer qu'en anéantiſſant tout ce qui s'eſt fait depuis 1756 juſqu'à ce jour, le rétabliſſement deſdits Eccléſiaſtiques ſera le ſceau de la tranquillité que Nous nous ſommes toujours propoſé de rétablir. A CES CAUSES & autres à ce Nous mouvans, de l'avis de notre Conſeil, & de notre certaine ſcience, pleine puiſſance & autorité Royale, Nous avons dit, déclaré & ordonné; & par ces Préſentes ſignées de notre main, diſons, déclarons & ordonnons, voulons & nous plaît, que toutes pourſuites, décrets & procédures qui pourroient avoir été faits, & tous Arrêts, Sentences ou Jugemens qui pourroient avoir été rendus, depuis le ſeize Décembre 1756 juſqu'à ce jour, contre des Eccléſiaſtiques à l'occaſion des dernieres diviſions, demeurent ſans aucune ſuite & ſans aucun effet; en conſéquence que ceux contre leſquels leſdites procédures auroient été faites, & leſdits Arrêts, Sentences ou Jugemens rendus, rentrent, en vertu des préſentes, en leur état & fonctions. SI DONNONS EN MANDEMENT à nos amés & féaux Conſeillers les Gens tenans notre Cour de Parlement à Paris, que ces Préſentes ils aient à faire lire, publier & regiſtrer, & le contenu en icelles garder, obſerver & exécuter ſelon ſa forme & teneur: CAR TEL EST NOTRE PLAISIR; en temoin de quoi Nous avons fait mettre notre ſcel à ceſdites Préſentes. DONNÉ à Marly le quinzième jour du mois de Juin, l'an de grace mil ſept cent ſoixante-onze, & de notre regne le cinquante-ſixiéme. *Signé*, LOUIS. *Et plus bas*: Par le Roi, PHELYPEAUX. Et ſcellée du grand Sceau de cire jaune.

Régiſtrée, oui, ce requérant le Procureur Général du Roi, pour être exécutée ſelon ſa forme & teneur; & Copie collationnée envoyée aux Bailliages & Sénéchauſſées du Reſſort, pour y être lue, publiée & régiſtrée: Enjoint aux Subſtituts du Procureur Général du Roi d'y tenir la main, & d'en certifier la Cour dans le mois; & Copie collationnée pareillement envoyée aux Conſeils Supérieurs, pour y être lue, publiée & régiſtrée, conformément à l'Edit du mois de Février dernier, ſuivant l'Arrêt de ce jour. A Paris, en Parlement, toutes les Chambres aſſemblées, le dix-neuf Juin mil ſept cent ſoixante-onze.

Signé, VANDIVE.

Lille, de l'Imprimerie de N. J. B. PETERINCK-CRAMÉ, Imprimeur ordinaire du Roi.

ARREST
DU CONSEIL D'ETAT
DU ROI,

Portant réglement pour la perception des Droits ſeigneuriaux, dûs à Sa Majeſté, lors des mutations des biens aſſis dans les mouvances & directes dependantes de ſes Domaines.

Du 16 Juin 1771.

Extrait des Regiſtres du Conſeil d'Etat.

LE ROI ayant par Arrêt du Conſeil du 26 mai dernier, révoqué tous les priviléges d'exemption des droits ſeigneuriaux, dûs à Sa Majeſté, à cauſe des mutations des biens aſſis dans ſes mouvances & directes, ainſi que les aliénations qui en ont été faites aux Engagiſtes de ſes Domaines; & Sa Majeſté ayant ordonné par le même Arrêt, que le recouvrement en ſeroit fait, tant dans les Domaines étant dans ſes mains, que dans ceux engagés par les Receveurs généraux des Domaines & Bois, conformément au réglement qui ſeroit arrêté à cet effet : Sa Majeſté auroit jugé ne pouvoir faire trop promptement connoître ſes intentions ſur un objet dont Elle a le ſuccès d'autant plus à cœur, qu'il tend au ſoulagement de ſes Sujets, en procurant une augmentation de revenu dans une partie qui n'eſt point onéreuſe à ſes Peuples. C'eſt pour remplir des vues auſſi dignes de Sa Majeſté, & en accélérer autant qu'il eſt poſſible l'exécution, qu'Elle ſe ſeroit déterminée a ordonner que la perception de ces droits ſera faite à ſon profit, à compter du 1.er Juillet prochain, & à défendre, tant aux Engagiſtes de ſes Domaines, qu'à ſes fermiers & ſous-fermiers, de s'y immiſcer paſſé ledit jour, à peine de reſtitution & d'amende : Sa Majeſté a cru devoir en même temps fixer, d'une manière invariable, les remiſes qui ſeront accordées aux acquéreurs, les déterminer d'après la quotité des droits auxquels les mutations donneront lieu, afin de les rendre uniformes dans tout ſon Royaume ; & dans tous les cas, n'aſſujettir les acquéreurs à aucune autre condition que le payement exact des droits dans les délais qu'Elle preſcrit ; Enfin prendre les précautions néceſſaires pour qu'il ne puiſſe, ſous aucun prétexte, être accordé d'autres remiſes que celles portées par le préſent Arrêt, & preſcrire les bornes les plus étroites à ſa généroſité & à celle de ſes Succeſſeurs, afin que rien ne dérange l'exécution d'un plan dicté par ſon affection pour ſes Peuples, le même ſentiment a déterminé les formalités auxquelles Sa Majeſté a cru devoir aſſujettir les pourſuites pour le recouvrement de ſes droits ; ſes Sujets y reconnoîtront également, & l'intention de Sa Majeſté de les mettre à l'abri des conteſtations injuſtes qui pourroient leur être ſuſcitées, ſous l'apparence du zéle pour les intérêts de ſon Domaine, & le deſir qu'Elle a d'aſſurer la conſervation de cet ancien patrimoine de la Couronne, en favoriſant le zéle de ſes Officiers, lorſqu'il n'aura pour objet que de prévenir ou de faire réprimer les uſurpations qu'on tenteroit de faire ſur les droits inaliénables du Domaine : Enfin ſi les vues que Sa Majeſté s'eſt propoſées, en faiſant faire à ſon profit la perception de ces droits, l'ont portée à prendre des meſures pour diminuer, autant qu'il ſeroit poſſible, les déductions indiſpenſables ſur leur produit ; & ſi elles ont engagé Sa Majeſté, en aſſujettiſſant les Receveurs généraux de ſes Domaines à compter de leur recette en ſes Chambres des Comptes, à ordonner que les épices & frais de leurs comptes ne pourroient être augmentés ; Elle s'y eſt d'autant plus volontiers déterminée, qu'Elle eſt aſſurée de ne faire que prévenir le desir des Officiers de ces Cours, dont le zèle & le désintéressement lui sont également connus. C'est par des précautions aussi sages, que Sa Majesté parviendra à multiplier les produits de cette branche de ses revenus, & à se mettre en état de diminuer par la suite le poids des impositions qu'Elle ne se voit qu'avec peine obligée de faire supporter à ses Peuples. A quoi voulant pourvoir : Ouï le rapport du sieur Abbé Terray, Conseiller ordinaire, & au Conseil royal, Contrôleur général des Finances; LE ROI ÉTANT EN SON CONSEIL, a ordonné & ordonne ce qui suit.

ARTICLE PREMIER.

La perception des droits dûs à Sa Majesté, à cause des mutations des biens assis dans ses mouvances & directes, par ventes, échange ou autre titre équipolent, sera faite à compter du 1.er Juillet prochain, par les Receveurs généraux des Domaines ou leurs fondés de procuration, tant dans les Domaines étant dans la main du Roi, que dans ceux engagés à quelque titre que ce soit; & ce, conformément aux coutumes des lieux où lesdits biens seront assis, ou aux titres particuliers d'iceux. Fait Sa Majesté défenses à tous Engagistes de s'immiscer, passé ledit jour 1.er Juillet, dans la perception d'aucuns desdits droits dans les mouvances & directes des Domaines par eux tenus en engagement, s'il n'y a eu demande judiciaire par eux formée antérieurement audit jour; & ce, à peine de restitution des droits qui auroient été par eux perçus, & d'amende, qui ne pourra être moindre de trente livres pour chacun desdits droits, lorsqu'ils n'excèderont pas ladite somme; & sera du double des droits par eux perçus, lorsqu'ils excèderont la somme de trente livres, lesquelles amendes ne pourront être modérées ni remises, pour quelque raison & sous quelque prétexte que ce puisse être; & seront lesdits droits, dont la restitution sera ordonnée, & lesdites amendes, payés entre les mains des Receveurs généraux des Domaines, qui seront tenus d'en compter à Sa Majesté : Fait pareillement Sa Majesté défenses aux Receveurs généraux de ses Domaines, de compter, soit à l'Adjudicataire de ses fermes générales, soit à ses fermiers particuliers ou arrière-fermiers ou cessionnaires, des uns & des autres, des droits qui seront par eux perçus passé le 1.er Juillet prochain, à peine d'en répondre en leur propre & privé nom.

I I.

Lorſque les droits dûs à Sa Majeſté, à cauſe des mutations des biens aſſis dans ſes mouvances & directes, ne ſeront que de mille livres & au-deſſous, il ne ſera fait aucune remiſe ſur iceux; au-deſſus de mille livres, juſques & compris ſept mille livres, ſera fait remiſe d'un ſixième ſur ce qui excèdera mille livres; au-deſſus de ſept mille livres, juſques & compris douze mille livres, outre la remiſe ci-deſſus, ſera fait remiſe d'un cinquième ſur ce qui excédera ſept mille livres; au-deſſus de douze mille livres, juſques & compris vingt-quatre mille livres, il ſera, outre les remiſes précédemment ordonnées, fait remiſe d'un quart ſur ce qui excédera douze mille livres; au-deſſus de vingt-quatre mille livres, outre les remiſes précédentes, il ſera fait remiſe de trois dixièmes de la portion des droits dûs à Sa Majeſté, qui excèdera vingt-quatre mille livres, à quelque ſomme qu'elle puiſſe être: N'auront néanmoins lieu leſdites remiſes qu'en cas de vente volontaire ſeulement, ſans qu'il puiſſe en être accordé aucune dans le cas des ventes forcées, ſoit qu'elles ſoient faites en juſtice ou autrement, en vertu de contrats de ceſſion ou abandon.

I I I.

Les acquéreurs qui voudront jouir deſdites remiſes, ſeront tenus d'exhiber, dans les trois mois de leurs acquiſitions, leur titre de propriété aux Receveurs généraux des Domaines, & de leur en remettre à leurs frais une copie collationnée, ou extrait délivré par les Notaires qui auront reçu les actes, ou par les Greffiers qui auront expédié les jugemens, en vertu deſquels la propriété des biens leur aura été tranſmiſe, & d'acquitter dans ledit délai les droits dûs à cauſe de la mutation d'iceux: Veut Sa Majeſté, qu'icelui paſſé, il ne puiſſe leur être fait aucune remiſe par les Receveurs généraux de ſes Domaines, à peine d'en répondre en leur propre & privé nom; leur fait pareillement défenſes Sa Majeſté, & ſous les mêmes peines, d'accorder, ſous aucun prétexte, autres plus fortes remiſes que celles portées au préſent Arrêt.

I V.

En cas de retrait des biens, pour leſquels les droits dûs à Sa Majeſté auront été acquittés dans le délai preſcrit par l'article précédent, le montant des remiſes, qui auront été faites conformément à l'article II. ſera payé par le retrayant aux Receveurs généraux des Domaines, ſans qu'il puiſſe par eux en être fait aucunes audit retrayant, à peine d'en répondre en leur propre & privé nom.

V.

La perception des droits ſera faite d'après le prix porté aux actes tranſlatifs de propriété, lorſque la totalité des objets ſera dans la mouvance & directe de Sa Majeſté, ſauf aux Receveurs généraux, dans le cas où ils ſuſpecteroient leſdits actes d'être frauduleux quant au prix, à en informer le ſieur Contrôleur général des finances, pour, ſur le compte qui en ſera par lui rendu à Sa Majeſté, être par Elle uſé des droits qui lui appartiendront, ſuivant la coutume des lieux.

V I.

Lorſque la totalité des biens compris dans les actes tranſlatifs de propriété ne ſera point dans la mouvance & directe de Sa Majeſté, la perception des droits ſera faite d'après la ventillation faite par iceux, ſauf, en cas de ſuſpicion de fraude quant au prix, à en être uſé ainſi qu'il eſt porté par l'article précédent; & dans le cas où la ventillation ne ſeroit pas faite par les actes tranſlatifs de propriété, il y ſera procédé à la requête des Procureurs de Sa Majeſté, pourſuite & diligence des Receveurs des domaines, devant les Bureaux des finances ou autres Tribunaux connoiſſant en première inſtance des matières domaniales, & aux frais des acquéreurs.

V I I.

Les droits de relief & rachat, dûs à Sa Majeſté, ſeront pareillement perçus, à compter du 1.er Juillet prochain, par les Receveurs généraux des domaines, conformément & en la forme preſcrite par les coutumes des lieux, & ce tant dans les domaines étant dans la main de Sa Majeſté, que dans ceux tenus en engagement. Fait Sa Majeſté défenſes aux Engagiſtes d'iceux, de s'immiſcer, paſſé ledit jour 1.er Juillet, dans la perception deſdits droits, ou dans la jouiſſance des biens pour leſquels ils ſeront dûs, ſous les peines portées par l'article I.er ci-deſſus, s'il n'y a eu relativement auxdits droits demande judiciaire formée par leſdits Engagiſtes. Fait pareillement Sa Majeſté défenſes aux Receveurs généraux de ſes domaines, de compter, soit à l'Adjudicataire des fermes générales, soit aux Fermiers particuliers de Sa Majesté, ou arrière-fermiers & cessionnaires, des uns & des autres, de ceux desdits droits ou des fruits desdits biens qui seront par eux perçus, passé ledit jour 1.er Juillet prochain, à peine d'en répondre en leur propre & privé nom.

VIII.

La perception desdits droits sera faite conformément aux abonnemens portés par les coutumes; & lorsqu'ils ne seront point abonnés par les coutumes, sur l'offre qui sera faite par les redevables, d'une somme pour tenir lieu du revenu de l'année, laquelle ne pourra cependant être acceptée par les Receveurs généraux des domaines, que sur l'avis des Procureurs de Sa Majesté en ses Bureaux des finances ou autres tribunaux connoissant en première instance des matières domaniales, lequel avis sera par eux donné par écrit ensuite desdites offres, dans le mois au plus tard, de la communication qui leur en aura été donnée, lors de laquelle pourront lesdits Procureurs de Sa Majesté requérir, s'ils le jugent à propos, que les revenus de l'année soient perçus au profit de Sa Majesté: Et sera audit cas procédé à leur requête, poursuite & diligence des Receveurs généraux, aux formalités nécessaires.

IX.

L'intention de Sa Majesté, en faisant percevoir à son profit tous les droits dûs aux mutations des biens assis dans ses mouvances & directes, en révoquant les privilèges d'exemption qui en ont été accordés par Elle ou par ses prédécesseurs, & en rentrant dans les aliénations qui en auroient été faites aux Engagistes de ses domaines, étant de rendre cette branche importante de ses revenus aussi fructueuse qu'il est possible, & de se mettre en état de procurer à ses peuples des soulagemens sur des objets qui leur sont onéreux: Voulant Sa Majesté assurer à perpétuité l'exécution de vues aussi dignes de sa bonté & de son affection pour ses sujets, Sa Majesté a expressément déclaré & déclare qu'il ne pourra être fait par Elle ou ses successeurs Rois, sous aucun prétexte, même de récompense de services ou d'indemnité, aucun don ou remise de tout ou partie desdits droits, autres que celles portées par l'article II. du présent Arrêt, ni accordé aucun privilège d'exemption desdits droits, général ou particulier, même moyennant finance. Fait sa Majesté défenses à toutes personnes, de solliciter directement ou indirectement lesdits dons ou remises, & lesdits privilèges. Fait Sa Majesté défenses au sieur Chancelier & Garde des Sceaux de France, & à ses successeurs, de sceller aucun Edit, Déclaration, Lettres patentes ou autres contenant lesdits dons & remises ou lesdits privilèges; & a ses Secrétaires d'État & à leurs successeurs, d'expédier aucuns brévets contenant des dons, remises & privilèges d'exemption, soit généraux, soit particuliers : Et ne pourront les redevables qui auroient obtenu lesdits priviléges, dons ou remises, leurs hoirs, successeurs, ou ayans cause & représentans, opposer contre les demandes qui leurs seront faites par lesdits Receveurs généraux, & contre les poursuites pour le recouvrement desdits droits, aucune prescription ou laps de temps, même aucuns Edits, Déclarations, Lettres patentes ou brévets contenant lesdits priviléges, dons ou remises.

X.

La jouissance des droits de mutation des biens assis dans les mouvances & directes de Sa Majesté, ne pourra pareillement, sous aucun prétexte, être comprise à l'avenir dans les aliénations qui seront faites de ses Domaines, soit à vie, soit par engagement ou autrement, à titre de don ou récompense, gratuitement ou moyennant finance ou rente, à peine de nullité & de restitution par lesdits Engagistes ou concessionnaires des droits qui auroient été par eux perçus, & d'amende du triple desdits droits, laquelle ne pourra être modérée ni remise sous aucun prétexte : Excepte néanmoins Sa Majesté les aliénations qui seront faites de ses Domaines, à titre d'apanage ou d'échange, dans lesquelles la jouissance des droits de mutation dûs à cause des biens situés dans les mouvances & directes desdits Domaines, pourra être cédée aux Apanagistes ou Echangistes; à la charge toutefois, à l'égard des Domaines cédés à titre d'échange, que les Lettres en feront mention expresse, que la valeur desdits droits ne pourra être estimée au-dessous du denier Quarante de leur produit, & que les Engagistes ne pourront jouir que de ceux qui seront expressément compris dans les Procès-verbaux d'évaluation qui seront faits par les Commissaires de Sa Majesté.

X I.

Les amendes qui seront prononcées en exécution de l'article

précédent, seront payées entre les mains des Receveurs généraux des Domaines, & applicables, un tiers aux Officiers du Domaine, & les deux autres tiers au profit des pauvres des paroisses où les biens seront situés, auxquels les Receveurs généraux des Domaines seront tenus de remettre, dans le mois, les portions à eux revenantes, sur les quittances, soit des Administrateurs des charités desdites paroisses, ou des Curés & Marguilliers d'icelles.

X I I.

Les poursuites pour le recouvrement des droits dûs aux mutations des biens assis dans les mouvances & directes de Sa Majesté, seront faites par les Receveurs généraux de ses Domaines, & à leur requête; pourront néanmoins lesdits Receveurs généraux, lorsque le fond des droits sera contesté, & dans le mois au plus tard de la contestation élevée sur le fond desdits droits, la dénoncer aux Procureurs de Sa Majesté en ses Bureaux des finances, ou autres Tribunaux connoissant en première instance des matières domaniales, & les requérir de prendre leur fait & cause pour la défense des droits de Sa Majesté.

X I I I.

Lesdites dénonciations & requisitions ne pourront être faites aux Procureurs de Sa Majesté, que par requête présentée à cet effet, laquelle contiendra l'exposé de ladite contestation, & les moyens respectivement employés, & à laquelle seront joints les titres respectivement produits.

X I V.

Ladite requête sera répondue dans le jour, d'une Ordonnance d'*ait acte & soit communiqué au Procureur de Sa Majesté;* & seront ladite requête & pièces y jointes, & ladite Ordonnance, signifiées dans huitaine, au plus tard, à la requête desdits Receveurs généraux, tant aux Procureurs de Sa Majesté qu'à ceux des parties avec lesquelles la contestation sera engagée.

X V.

Au moyen de la signification faite en exécution de l'article précédent aux Procureurs des parties, avec lesquelles la contestation ſera engagée, il ſera ſurſis pendant quatre mois, à toutes pourſuites de leur part, à peine de nullité des procédures qui ſeroient par eux faites.

X V I.

Les Procureurs de Sa Majeſté ſeront tenus de déclarer aux Receveurs généraux, dans le mois de la ſignification qui leur aura été faite, s'ils entendent ou non, prendre leur fait & cauſe pour la défenſe des droits de Sa Majeſté.

X V I I.

Lorſque les Procureurs de Sa Majeſté auront déclaré, prendre le fait & cauſe deſdits Receveurs, les pourſuites ſeront continuées à la requête deſdits Procureurs de Sa Majeſté, pourſuite & diligence deſdits Receveurs; leſquels ne pourront audit cas être condamnés aux dépens faits poſtérieurement à la priſe de fait & cauſe, en aucuns dommages & intérêts, & être tenus d'autres frais que de ceux de papier timbré des requêtes données par les Procureurs de Sa Majeſté, & ſignifications d'icelles, & des jugemens interlocutoires ou définitifs qui interviendront ſur leſdites conteſtations, leſquels frais leur ſeront même rembourſés par les parties qui ſuccomberont.

X V I I I.

Dans le cas où les Procureurs de Sa Majeſté déclareront n'entendre prendre fait & cauſe des Receveurs généraux des domaines, ils ſeront tenus d'en expliquer les motifs dans l'acte qu'ils leur feront ſignifier; pourront audit cas les Receveurs généraux ſe déſiſter, dans les trois mois, des demandes par eux formées, & en ce faiſant dans ledit délai, & ſans qu'il ait été fait de leur part aucune nouvelle procédure, ils ne pourront être condamnés en aucuns dépens; ne pourront cependant répéter ceux qui auront été par eux faits antérieurement à la denonciation.

X I X.

Pourront auſſi leſdits Receveurs généraux continuer en leur nom & à leurs riſques, les pourſuites pour le recouvrement des droits de Sa Majesté, nonobstant la déclaration à eux faite par ses Procureurs, qu'ils n'entendent prendre leur fait & cause pour la défence d'iceux ; & pourront audit cas, & s'ils viennent à succomber dans ladite poursuite, être condamnés aux dépens de l'instance, même aux dommages & interêts des parties: Veut néanmoins Sa Majesté qu'ils ne puissent être condamnés qu'aux dépens, sans aucuns dommages & intérêts, dans le cas où ils n'auront continué lesdites poursuites que sur une consultation donnée par trois Avocats du Parlement, dans le ressort duquel la contestation sera pendante, sur le vu de l'acte qui leur aura été signifié de la part du Procureur de Sa Majesté; laquelle consultation lesdits Receveurs généraux auront fait signifier aux parties dans les trois mois de la déclaration du Procureur de Sa Majesté, & avant qu'il ait été fait en leur nom aucune nouvelle procédure.

XX.

Pourront les Receveurs généraux des domaines commettre, pour le recouvrement desdits droits, tel nombre de commis qu'ils jugeront convenable, même se servir des Employés des Fermes générales. Veut Sa Majesté que, dans le cas où leurs fondés de procuration ne seront pas Employés de ses Fermes, ils ne puissent exercer leur commission qu'après avoir prêté serment, soit aux Bureaux des finances, soit devant le Juge royal le plus prochain du lieu où ils devront exercer ladite commission. Pourront pareillement lesdits Receveurs généraux destituer lesdits commis, toutes les fois qu'ils le jugeront à propos, sans que pour lesdites commissions & destitutions, non plus que pour la fixation des appointemens ou remises à accorder auxdits commis, ils soient tenus de se concerter avec les autres officiers des domaines, & d'avoir leur consentement.

XXI.

Les commis desdits Receveurs généraux seront tenus de leur rendre compte, & de leur remettre les deniers par eux perçus, toutes les fois qu'ils en seront par eux requis, à peine d'y être contraints, même par corps, sur les simples contraintes desdits Receveurs généraux, & d'être poursuivis comme pour les propres deniers & affaires de Sa Majesté.

XXII.

Les Receveurs généraux des domaines seront tenus de compter

de la perception desdits droits, dans les Chambres des Comptes, dans les délais prescrits pour leur comptabilité.

XXIII.

Seront tenus lesdits Receveurs généraux de rapporter, à l'appui de leur compte, extraits des contrats de vente ou adjudication, ou autres actes en vertu desquels les droits auront été par eux perçus, ou des jugemens en vertu desquels la ventillation des droits aura été faite, les offres pour les reliefs ou rachats, avec les avis des Procureurs de Sa Majesté, & extraits des jugemens qui auront statué sur la perception, en cas de contestation ; lesdits extraits délivrés par les Notaires qui auront reçu lesdits actes, ou les Greffiers qui auront expédié lesdits jugemens, sans qu'en aucun cas, & sous aucun prétexte, il puisse être exigé autres pièces desdits Receveurs généraux.

XXIV.

Ne pourront les épices des Officiers des Chambres des Comptes, & autres frais des comptes des Receveurs généraux des domaines, être augmentées à cause de la comptabilité desdits droits.

XXV.

Ne pourront lesdits Receveurs généraux des domaines délivrer aux acquéreurs ou héritiers, aucunes quittances des droits seigneuriaux casuels qui seront payés à Sa Majesté, qu'après qu'elles auront été contrôlées & enrégistrées par les Contrôleurs généraux des domaines ou leurs commis ; & les droits de quittance leur seront payés conformément aux Édits d'Octobre 1693 & Novembre 1707, savoir; pour les droits seigneuriaux casuels de cinq cens livres & au-dessus, à quelque somme qu'ils puissent monter, deux livres aux Receveurs généraux & vingt sous aux Contrôleurs; pour ceux de cent livres jusqu'à cinq cens livres, une livre aux Receveurs & dix sous aux Contrôleurs ; & pour ceux de vingt livres à cent francs, dix sous aux Receveurs & cinq sous aux Contrôleurs, sans qu'il puisse être perçu aucuns droits de quittance sur les droits seigneuriaux casuels qui seront au-dessous de vingt livres.

XXVI.

Les Receveurs généraux de nos domaines seront tenus d'exprimer, dans les quittances qu'ils donneront aux redevables, les sommes par eux perçues : Voulons que, dans le cas où lesdits Receveurs seroient forcés en recette pour aucuns des droits, ils puissent, dans l'année du jugement du compte, exercer leur recours contre les redevables. Et seront sur le présent arrêt toutes Lettres patentes nécessaires expédiées. FAIT au Conseil d'État du Roi, Sa Majesté y étant, tenu à Marli le seize Juin mil sept cent soixante-onze.

Signé, PHELYPEAUX.

ANTOINE-LOUIS-FRANÇOIS LE FEVRE DE CAUMARTIN, *Chevalier, Marquis de St. Ange, Comte de Moret, Seigneur de Caumartin, Boissy-le-Châtel, Ville-Cerf, Dormeilles, Ville St. Jacques, Flagy, la Commanderie & autres Lieux, Conseiller du Roi en ses Conseils, Maître des Requêtes ordinaire de son Hôtel, Grand-Croix, Chancelier & Garde des Sceaux de l'Ordre Royal & Militaire de St. Louis, Intendant de Flandres & d'Artois.*

Vû l'Arrêt du Conseil d'Etat ci-dessus, & les Ordres particuliers à nous adressés, Nous ordonnons qu'il sera exécuté selon sa forme & teneur, & à cet effet imprimé, lû, publié & affiché, par-tout où besoin sera, dans les Villes de notre Département. FAIT le 17 Juillet 1771.

Signé, ***CAUMARTIN.***

Lille : De l'Imprimerie de N. J. B. PETERINCK-CRAMÉ, Imprimeur ordinaire du Roi.

ARREST
DU CONSEIL D'ETAT DU ROI,

QUI permet aux Marchands & Négocians de la ville de Lille, d'avoir chez eux tels poids qu'ils jugeront convenables, & y peser toutes les Marchandises, sans être tenus de les porter au poids public, à la charge, par chaque classe de Marchands, de payer au Fermier du Tonlieu, le montant des droits qu'ils se trouveront devoir, suivant le Tarif annexé au présent Arrêt.

Du 27 Juin 1771.

Extrait des Registres du Conseil d'Etat.

SUR ce qui a été représenté au Roi, étant en son Conseil, par les négocians & marchands de la ville de Lille, & par la Chambre du Commerce de ladite Ville, qu'il appartient à Sa Majesté un droit de Tonlieu ou de Poids & Balances ; que ce droit consiste, suivant une Ordonnance ou Placard du 2 Mai 1623, dans l'obligation où sont tous les marchands de faire peser au Poids de Sa Majesté, toutes les marchandises dont le poids excède quarante-cinq livres, & de payer trois deniers parisis pour chaque pesée de marchandises sujettes au Poids, & six deniers pour cent de quelques marchandises particulières désignées dans ladite Ordonnance; que par cette même Ordonnance il est défendu à tous marchands & négocians résidans en ladite Ville, Taille & Banlieue d'icelle, d'avoir, en leurs maisons, Poids, Balances ou Traîneaux portant plus de quarante-cinq livres; que l'impossibilité où sont la plûpart des négocians ou marchands de transporter leurs marchandises au Poids public, pour y être pesées, sans s'exposer à les détériorer, les auroit mis dans la nécessité indispensable de faire des abonnemens avec les Adjudicataires dudit droit, pour en obtenir la permission d'avoir chez eux des poids au-dessus de quarante-cinq livres; que cette nécessité met les Adjudicataires dans le cas d'exiger d'eux telle somme qu'ils jugent à propos, n'y ayant aucun tarif qui règle le montant desdits abonnemens; que les abus auxquels ce défaut de tarif a donné lieu, & la gêne qu'impose au Commerce, l'interdiction aux marchands & négocians d'avoir chez eux tels poids qu'ils jugent à propos, a souvent excité les plaintes les plus légitimes de leur part; que Sa Majesté, qui jouissoit du même droit dans la ville de Paris, en ayant reconnu les inconvéniens, auroit bien voulu fixer par un Arrêt de son Conseil, du 16 Juin 1693, & par un tarif annexé audit Arrêt, la quotité des droits qui seroient payés par chaque marchand; qu'il seroit avantageux au Commerce de la ville de Lille, d'y établir la même règle, & de donner aux marchands & négocians de cette Ville, la permission d'avoir chez eux tels poids qu'ils jugeroient convenables, en payant les droits qui seroient fixés par un tarif particulier; & Sa Majesté s'étant fait rendre compte de la nature, consistance & produit dudit droit de Tonlieu & de la forme de sa perception, Elle auroit reconnu que, si le bien du Commerce exigeoit que les négocians & marchands de la ville de Lille fussent dispensés de porter leurs marchandises au Poids public, & fussent autorisés à les peser chez eux, & à avoir à cet effet tous poids nécessaires, l'intérêt de son Domaine, dont les droits sont inaliénables, rendoit également indispensable de pourvoir à leur conservation, en assurant une rentrée égale au produit dudit droit; que si le moyen le plus propre pour procurer ce double avantage étoit, ainsi que le proposoient les négocians & marchands de ladite Ville, de régler, par un tarif, le montant de l'abonnement des différentes classes de marchands, eû égard à la nature de leur Commerce, il étoit en même-tems nécessaire & juste; vu l'inégalité des forces du Commerce de chaque marchand, quoique dans une même classe, que cette fixation ne servît qu'à établir la quotité de la somme à payer par chaque classe, & de laisser aux Syndics des Corps & Communautés en jurande, & aux Conseillers de la Chambre du Commerce, pour les marchands non en jurande, la liberté de répartir entre les marchands de chaque classe, par proportion aux forces particulières de leur Commerce, la somme totale que chacun devra payer; eû égard au nombre de marchands dont elle sera composée. A quoi Sa Majesté voulant pourvoir, ouï le rapport du sieur Abbé Terray, Conseiller ordinaire, & au Conseil royal Contrôleur général des finances, le Roi étant en son Conseil, a ordonné & ordonne.

Article premier.

Tous marchands & négocians de la ville de Lille, pourront avoir chez eux tels poids qu'ils jugeront convenables, & y peser toutes les marchandises, sans être tenus de les porter au Poids public, à la charge par chaque classe de marchands de payer au Fermier du Tonlieu, le montant des droits qu'ils se trouveront devoir, suivant le tarif annexé au présent Arrêt, à raison du droit fixé pour chaque marchand, & du nombre des marchands dont chaque classe est composée.

II.

La répartition de ce que chaque classe de marchands devra à raison du nombre de marchands dont elle sera composée, sera faite entre les marchands des Corps & Communautés en jurande, par les Syndics desdits Corps & Communautés, par proportion aux forces particulières du Commerce de chacun des marchands, dont lesdits Corps & Communautés seront composés; & à l'égard des marchands non en jurande, la répartition de ce que chaque classe devra payer, à raison du nombre de marchands dont elle sera composée, sera faite également, & dans la même proportion, entre les marchands de chaque classe, par les Conseillers de la Chambre du Commerce.

III.

Lesdites repartitions seront faites dans des assemblées des Conseillers de la Chambre du Commerce, & des Syndics de chaque Corps & Communauté, & les rôles desdites répartitions visés par le Sr. Intendant, seront exécutoires sur tous les contribuables, sans exception, comme pour les propres deniers & affaires de Sa Majesté.

IV.

La perception du montant de l'Abonnement de chaque Corps & Communauté ou Classe de marchands, sera faite par les Syndics de chaque Corps & Communauté; & pour les marchands non en jurande, par les Conseillers de la Chambre du Commerce.

V.

Le montant de l'Abonnement de chaque Corps & Communauté ou Classe de marchands, sera remis par lesdits Conseillers de la Chambre du Commerce, pour les marchands non en jurande, & par les Syndics des Corps & Communautés en jurande, au Fermier du Tonlieu en deux paiemens égaux de six en six mois, à l'effet de quoi chaque marchand sera tenu de payer, dans le même délai, le montant de sa contribution; & pour faire connoître au Fermier dudit droit ce qu'il aura à percevoir chaque année, lesdits Conseillers & Syndics seront tenus de lui remettre, avant le premier de Juin, un état d'eux certifié véritable, contenant le nom & la demeure des marchands composant chaque Corps, Communauté ou Classe.

VI.

Fait Sa Majesté défense à toutes personnes qui ne seroient pas comprises dans lesdits états, d'avoir chez elles des poids au dessus de quarante-cinq livres; leur enjoint de porter leurs marchandises au Poids public, & d'y acquitter les droits, conformément à l'Ordonnance ou Placard du 2 Mai 1623, à peine de cinquante florins d'amende, par chaque contravention; fait pareillement Sa Majesté défense, & sous la même peine, à tous marchands compris auxdits états, de peser aucunes marchandises pour personnes non dénommées en iceux.

VII.

La Ferme du Tonlieu continuera à être adjugée dans la même forme que par le passé, à la charge par le Fermier de se contenter pour les personnes qui seront comprises aux états qui lui seront remis par les Conseillers de la Chambre du Commerce, & les Syndics des Corps & Communautés en jurande, du montant des Abonnemens de chaque Corps, Communauté ou Classe, & de ne pouvoir exiger d'elles de porter leurs marchandises au Poids public pour y être pesées.

VIII.

Veut & entend Sa Majesté que, dans le cas où le prix du Bail ne seroit pas porté à la somme de cinq mille livres, la Chambre du Commerce soit tenue de payer chaque année ce qu'il s'en défaudra, entre les mains du Receveur des Assennes de Lille; pourra néanmoins audit cas ladite Chambre, dans les vingt-quatre heures de l'Adjudication se faire subroger à l'Adjudicataire, sur l'offre & soumission par elle faite de porter le prix du Bail à ladite somme de cinq mille livres.

IX.

Le droit de petit Poids ou Poids double de toutes les marchandises vendues & achetées dans ladite Ville, depuis le 14 Août jusqu'au 14 Septembre de chaque année, continuera à être perçu comme par le passé.

X.

Toutes les contestations qui pourront naître sur l'exécution du présent Arrêt, seront portées devant le Sr. Intendant & Commissaire départi, auquel Sa Majesté en attribue la connoissance, icelle interdisant à toutes ses Cours & autres Juges, & seront les Jugemens par lui rendus, exécutés par provision, sauf l'appel au Conseil de Sa Majesté.

TARIF

Des droits que le Roi, en son Conseil, veut être payés à l'avenir, & par chaque année, par les Négocians, & Marchands de la ville de Lille, pour, conformément à l'Arrêt de cejourd'hui, avoir la faculté de tenir chez eux des Poids & Balances au-dessus de quarante-cinq livres.

		liv.
1.	Chaque marchand Amidonnier douze livres, ci . .	12.
2.	Chaque Boulanger quatre livres, ci	4.
3.	Chaque Boucher six livres, ci	6.
4.	Chaque Corroyeur six livres, ci	6.
5.	Chaque Épicier, Confiseur huit livres, ci.	8.
6.	Chaque Graissier & Chandelier trois livres, ci . . .	3.
7.	Chaque Ferronnier & Maréchal trois livres, ci . .	3.
8.	Chaque Etainier six livres, ci	6.
9.	Chaque Plombier douze livres, ci.	12.
10.	Chaque Tondeur de Draps trois livres, ci . . .	3.
11.	Chaque Tanneur dix livres, ci	10.
12.	Chaque Brasseur six livres, ci	6.
13.	Chaque Blanchisseur de Cire douze livres, ci . .	12.
14.	Chaque Marchand de Cuivre douze livres, ci . .	12.
15.	Chaque Droguiste douze livres, ci	12
16.	Chaque Marchand de Fer douze livres, ci. . . .	12.
17.	Chaque Grainetier deux livres, ci.	2.
18.	Chaque Marchand de Laine & Peigneur huit livres, ci	8.
19.	Chaque Marchand de Poissons six livres, ci . . .	6.
20.	Chaque Rafineur de Sucre trente livres, ci. . . .	30.
21.	Chaque Savonnier douze livres, ci.	12.
22.	Chaque Marchand de Beurre dix livres, ci . . .	10.
23.	Chaque Marchand Fondeur quatre livres, ci . . .	4.
24.	Tous Marchands non dénommés dans les articles précédents trois livres, ci.	3.

Fait au Conseil d'Etat du Roi, Sa Majesté y étant, tenu à Versailles le 27 Juin 1771.

Signé, MONTEYNARD.

ANTOINE-LOUIS-FRANÇOIS LE FEVRE DE CAUMARTIN, *Chevalier, Marquis de St. Ange, Comte de Moret, Seigneur de Caumartin, Boissy le-Châtel, Ville-Cerf, Dormeilles, Ville St. Jacques, Flagy, la Commanderie & autres Lieux, Conseiller du Roi en ses Conseils, Maître des Requêtes ordinaire de son Hôtel, Grand-Croix, Chancelier & Garde des Sceaux de l'Ordre Royal & Militaire de St. Louis, Intendant de Justice, Police & Finances des Provinces de Flandres & d'Artois.*

Vû l'Arrêt du Conseil d'Etat ci-dessus. Nous, Intendant susdit, ordonnons qu'il sera exécuté selon sa forme & teneur, & à cet effet imprimé, lû, publié & affiché par-tout où besoin sera, à ce que personne n'en ignore. Fait le 4 Juillet 1771.

Signé, CAUMARTIN.

Lille : De l'Imprimerie de N. J. B. Peterinck-Cramé, Imprimeur ordinaire du Roi.

EDIT DU ROI,

Portant ſuppreſſion des Offices du Parlement de Beſançon.

Donné à Compiègne au mois de Juillet 1771.

Regiſtré au Parlement de Beſançon, le 5 Août ſuivant.

LOUIS, par la grace de Dieu, Roi de France & de Navarre : A tous préſens & à venir : Salut. Nous avons cru ne pouvoir donner à nos ſujets, des preuves plus ſignalées de notre affection, que de nous occuper à réformer les abus qui ſe ſont gliſſés dans l'adminiſtration de la juſtice ; nous avons reconnu que la principale ſource de ces abus, venoit du peu de choix que permettoit la vénalité des offices, parmi ceux qui ſe diſtinguent à des fonctions auſſi honorables qu'importantes, du trop grand nombre d'Officiers qui ſurchargent inutilement nos peuples, par les priviléges & exemptions attachés à leur état ; & enfin de la multiplicité des Tribunaux. A ces cauſes & autres à ce nous mouvant ; de l'avis de notre Conſeil, & de notre certaine ſcience, pleine puiſſance & autorité royale, nous avons, par notre préſent Édit perpétuel & irrévocable, dit, ſtatué & ordonné; diſons, ſtatuons & ordonnons, voulons & nous plaît ce qui ſuit:

ARTICLE PREMIER.

Nous avons éteint & ſupprimé, éteignons & ſupprimons tous les offices de premier Préſident, de Préſidens, de Chevaliers d'honneur, de Conſeillers, de nos Procureur & Avocats généraux, & de Subſtituts de notre Procureur général de notre Parlement de Beſançon.

II.

Les propriétaires deſdits offices ſeront tenus de remettre, dans le délai de deux mois, leurs quittances de finance & autres titres de propriété, ès mains du Contrôleur général de nos finances, pour être procédé en la forme ordinaire, à la liquidation deſdits offices, & pourvu au rembourſement d'iceux, ainſi qu'il ſera par nous ordonné.

III.

Nous nous réſervons de pourvoir à l'adminiſtration de la juſtice de notre comté de Bourgogne, ainſi que nous aviſerons bon être. SI DONNONS EN MANDEMENT à nos amés & féaux Conſeillers les Gens tenant notre Cour de Parlement de Beſançon, que notre préſent Edit ils aient à faire lire, publier & regiſtrer; & le contenu en icelui garder, obſerver & exécuter ſelon ſa forme & teneur: CAR TEL EST NOTRE PLAISIR; & afin que ce ſoit choſe ferme & ſtable à toujours, nous y avons fait mettre notre ſcel. DONNÉ à Compiegne au mois de Juillet, l'an de grace mil ſept cent ſoixante-onze, & de notre règne le cinquante-ſixième. *Signé* LOUIS. *Et plus bas*, Par le Roi. *Signé* MONTEYNARD. *Viſa* DE MAUPEOU. Et ſcellé du grand ſceau de cire verte en lacs de ſoie rouge & verte.

Lû, publié & registré du très-exprès commandement du Roi, porté par le sieur Maréchal DUC DE LORGE, *assisté du sieur* BASTARD, *Conseiller d'Etat; oui & ce requérant le Procureur général de Sa Majesté, pour être exécuté selon sa forme & teneur.* FAIT *en Parlement, à Besançon, les Chambres assemblées, le cinq Août mil sept cent soixante-onze.* Signé POURCHERESSE.

Lille : De l'Imprimerie de N. J. B. PETERINCK - CRAMÉ, Imprimeur ordinaire du Roi.

EDIT DU ROI,

PORTANT création d'Offices dans le Parlement de Besançon.

Donné à Compiègne au mois de Juillet 1771.

Registré au Parlement de Besançon le 8 Août suivant.

LOUIS, PAR LA GRACE DE DIEU, ROI DE FRANCE ET DE NAVARRE : A tous présens & à venir : SALUT. La distribution gratuite de la Justice est un bienfait auquel tous nos sujets ont droit de prétendre, & notre amour pour eux nous prescrira toujours de rapprocher le moment où nous pourrons l'étendre aux différentes parties de notre Royaume. Nous croyons devoir dès aujourd'hui l'accorder à notre Province de Franche-comté, comme un adoucissement à sa situation actuelle, & une consolation dans des malheurs que nous nous sommes déjà empressés de soulager. Nous avons d'ailleurs jugé convenable de diminuer, dans notre Parlement de Besançon, le nombre des Officiers, & d'établir dans leur distribution un ordre nouveau, & plus utile au bien de notre service. A CES CAUSES & autres à ce nous mouvant ; de l'avis de notre Conseil, & de notre certaine science, pleine puissance & autorité royale, Nous avons, par notre présent Édit perpétuel & irrévocable, dit, statué & ordonné ; disons, statuons & ordonnons, voulons & nous plaît ce qui suit.

ARTICLE PREMIER.

Nous avons créé & érigé, créons & érigeons, en titre d'offices formés & inamovibles, un office de premier Président, quatre offices de Présidens, deux offices de Conseillers-Présidens, deux offices de Conseillers-clercs, trente-deux offices de Conseillers-laïcs, un office de Procureur général, deux offices d'Avocats généraux, & deux offices de Substituts de notre Procureur général.

II.

Notredite Cour de Parlement sera composée d'une Grand'Chambre, d'une Tournelle criminelle, & d'une Chambre des Enquêtes.

III.

Les Présidens de notredite Cour auront l'option de servir à la Grand'Chambre ou à la Tournelle, suivant leur ancienneté, ensorte néanmoins qu'il y en ait toujours deux à la Grand'Chambre, non compris le premier, & deux à la Tournelle.

IV.

Le Doyen du Parlement & les treize plus anciens Conseillers-laïcs, seront & demeureront fixés à la Grand'Chambre, à la Tournelle & à la Chambre des Enquêtes; savoir, à la Grand'Chambre, le Doyen, le plus ancien des Conseillers-clercs, & les quatre plus anciens Conseillers-laïcs; à la Tournelle les cinq plus anciens Conseillers-laïcs qui suivront ceux fixés à la Grand'Chambre; à la Chambre des Enquêtes, les deux Conseillers-Présidens, les quatre plus anciens Conseillers-laïcs qui suivront ceux fixés dans les deux autres Chambres, & le second Conseiller-clerc.

V.

Le surplus des Conseillers-laïcs sera divisé en trois listes égales, de six chacune, pour servir successivement dans les trois Chambres: & pendant la première année, la première liste à la Grand'Chambre; la seconde à la Tournelle, & la troisième aux Enquêtes.

VI.

Et attendu le zèle & l'affection pour notre service, dont il nous a été donné des marques par ceux des anciens officiers de notredit Parlement, dénommés en l'état attaché sous le contre-scel de notre présent Edit, voulons que les offices ci-dessus créés soient par eux remplis, conformément audit état, tant en vertu du présent Edit, que de leurs anciennes provisions & réceptions, sans qu'il en soit besoin d'autres, leur ordonnant de continuer l'exercice de leurs fonctions. Voulons néanmoins que ceux qui, suivant ledit état, remplissent des offices autres que ceux dont ils étoient pourvus ci-devant, soient tenus de prêter le serment en tel cas requis & accoutumé.

VII

Voulons que ceux qui seront reçus Conseillers en notredite Cour, aient au moins vingt-cinq ans accomplis, & qu'ils aient suivi exactement le Barreau, en qualité d'Avocats, au moins pendant cinq ans, ou rempli, pendant le même espace de tems, quelques autres offices de Judicature.

VIII.

Dans le cas de vacance d'un office de Conseiller, notredite Cour nous présentera trois sujets de la qualité ci-dessus, pour remplir l'office vacant; & si aucun desdits sujets ne nous convenoit, notredite Cour sera tenue de nous en présenter d'autres, jusqu'à ce que nous en ayons agréé un.

IX.

Si la vacance arrive dans le nombre des Conseillers, dont le service est fixé dans l'une desdites trois Chambres, l'Officier, dont la place se trouvera vacante, sera remplacé dans ladite Chambre par celui qui le suivra immediatement; & les treize Conseillers fixés monteront ainsi d'une Chambre à l'autre, & le plus ancien des dix-huit Conseillers montera à la quatrième place de Conseiller fixé à la Chambres des Enquêtes, & sera remplacé dans celle des listes où il étoit de service, par celui qui aura par nous été nommé en la forme ci-dessus.

X.

Lorsque la vacance arrivera dans le nombre des dix-huit derniers, celui qui sera par nous nommé, remplira la dernière place de la liste où le précédent titulaire étoit de service.

XI.

Outre les matières, dont la connoissance appartient à la Grand' Chambre de notredite Cour, elle connoîtra de toutes les contestations concernant les Eaux & Forêts, qui étoient ci-devant portées à la Chambre établie par l'Edit du mois de Juillet 1704.

XII.

La connoissance des causes des privilégiés qui ont droit de *committimus* appartiendra au Bailliage de Besançon, pour les juger, sauf l'appel à notredite Cour; nous avons en conséquence évoqué & évoquons toutes les causes & instances de cette nature, qui étoient ci-devant pendantes en la Chambre des Requêtes du Palais, supprimée par notre présent Edit, & icelles, circonstances & dépendances, avons renvoyé & renvoyons audit Bailliage de Besançon, pour être par lui jugées, sauf l'appel en notredite Cour.

XIII.

La distribution des procès par écrit se fera, comme par le passé, entre les trois Chambres de notredite Cour, à l'exception ſeulement de ceux dont la connoiſſance appartient privativement à l'une d'elles.

X I V.

Les procès actuellement diſtribués, de quelque nature qu'ils ſoient, ſeront rapportés auſſi-tôt après l'enrégiſtrement de notre préſent Edit, au Greffe de notredite Cour, à l'effet d'être procédé à la diſtribution d'iceux, dans l'ordre preſcrit par l'article précédent, à l'exception néanmoins de ceux concernant des privilégiés, leſquels le Greffier de notredite Cour ſera tenu de renvoyer au Greffe du Bailliage de Beſançon, pour l'inſtruction être continuée ſuivant les derniers erremens.

X V.

Les Préſidens, Conſeillers & autres Officiers créés par notre préſent Edit, jouiront de tous les honneurs, droits, rangs, exemptions, priviléges, diſtribution de ſel d'ordinaire, qui avoient été attribués aux Officiers de notredite Cour; & en outre des gages que nous leur avons attribués par nos Lettres patentes du 22 du préſent mois.

X V I.

Au moyen deſdits gages, nos Officiers ne pourront prendre des parties aucune rétribution, ſous le titre d'épices, vacations ou autres dénominations quelconques, & ne pourront être leſdits gages ſaiſis ſous quelque prétexte que ce ſoit.

X V I I.

Leſdits gages ſeront diviſés en autant de portions qu'il y aura de jours de Palais par chacun an; & ceux des Préſidens & Conſeillers qui, pour autres raiſons que celles de maladie ou empêchement légitime, auront négligé de ſe rendre à leurs fonctions, ſeront privés d'une partie proportionnelle de leurs gages, laquelle accroîtra à ceux qui auront été préſens.

X V I I I.

A l'effet de conſtater l'exactitude de noſdits Officiers, il ſera tenu par le Greffier de chaque Chambre, un regiſtre où ſeront inſcrits, jour par jour, les noms de ceux qui ſeront préſens; & ſera ledit regiſtre vérifié à la fin de chaque ſéance, & viſé par le premier Préſident ou Préſident de la Chambre.

X I X.

La répartition deſdits gages ſera faite aux vacances de Pâques & à la clôture du Palais, dans une aſſemblée de chaque Chambre, & dans la forme qui ſera réglée par notredite Cour.

X X.

Les gages, ainſi que les penſions que nous avons attribués aux

Officiers de notredite Cour par nos Lettres patentes du 22 du présent mois, seront payés sur un état arrêté par le premier Président, pour la Grand'Chambre; pour la Tournelle, par celui qui présidera; & par l'ancien des Conseillers-Présidens, pour la Chambre des Enquêtes; & seront payés à chacune de ces époques par le Receveur général des finances de la Généralité de Besançon, lequel ne pourra, sous quelque prétexte que ce soit, se désaisir pour aucun autre usage des deniers à ce destinés.

XXI.

Dans le cas de maladie ou autre empêchement légitime, nosdits Officiers seront tenus d'en prévenir celui qui présidera à la Chambre où ils seront de service.

XXII.

Il sera tenu deux fois par an, en la manière accoutumée, une assemblée des Chambres où il sera délibéré sur tout ce qui intéressera la discipline de notredite Cour, la plus exacte observation de nos Ordonnances & la conduite de nos Officiers; & notre Procureur général y fera telles requisitions qu'il jugera à propos pour le maintien des régles & du bon ordre; & du tout, expédition en forme sera envoyée à notre très-cher & féal Chancelier de France.

XXIII.

Voulons au surplus que tous nos Édits, Ordonnances, Réglemens, Déclarations, auxquels nous n'avons point dérogé par notre présent Édit, soient observés selon leur forme & teneur. Si donnons en mandement à nos amés & féaux Conseillers les Gens tenant notre Cour de Parlement à Besançon, que notre présent Édit ils aient à faire lire, publier & registrer, & le contenu en icelui garder, observer & exécuter selon sa forme & teneur: Car tel est notre plaisir; & afin que ce soit chose ferme & stable à toujours, nous y avons fait mettre notre scel. Donné à Compiègne au mois de Juillet, l'an de grace mil sept cent soixante-onze, & de notre règne le cinquante-sixième. *Signé*, LOUIS. *Et plus bas*, Par le Roi, *Signé*, MONTEYNARD. *Visa* DE MAUPEOU. Et scellé du grand sceau de cire verte en lacs de soie rouge & verte.

Lu, publié & registré du très-exprès commandement du Roi, porté par le sieur Maréchal DUC DE LORGES, assisté du sieur BASTARD, Conseiller d'état; oui & ce requerant le Procureur général de Sa Majesté, pour être exécuté selon sa forme & teneur; & copies collationnées d'icelui envoyées aux Bailliages & Présidiaux, & autres Jurisdictions du ressort de la Cour, pour y être pareillement lu, publié & registré, à ce que personne n'en ignore: Enjoint aux Substituts du Procureur général du Roi, d'en certifier la Cour dans le mois. Fait en Parlement, à Besançon, les Chambres assemblées, le huit Août mil sept cent soixante-onze.

Signé, *POURCHERESSE.*

ÉTAT des Officiers qui doivent composer le Parlement de BESANÇON, *conformément à l'article VI de l'Édit de Juillet présent mois, portant création d'Offices dans ledit Parlement.*

Premier Président.

Le sieur Étienne-Joseph-François-Xavier CHIFFLET-D'ORCHAMP.

Présidens.

Les sieurs Béatrix-Antoine-Ignace DE CAMUS.
François-Félix-Bernard TERRIER.
François-Gabriel DE CHAPPUIS.
Christophe-Claude-Marie DE CHAILLOT.

Conseillers-Présidens.

Les sieurs Joseph-Philippe-Prosper D'ARVISENET-D'AUXON.
Nicolas-Marin DORIVAL.

Conseillers-Clercs.

Les sieurs Jean-François D'ESPIARD.
Claude-François-Ignace DE CAMUS.

Conseillers-Laïcs.

Les sieurs Claude-Joseph PERRINOT, *Doyen.*
Félix-Nicolas-Hyppolite, Marquis DE PEINTRE.
Jean-Joseph VAULDRY DE POUPET.
François-Xavier DAMEY.
Claude-Pierre ARNOULX.
François-Joseph DOYEN-DELAVIRON-DE-TREVILLERS.
Pierre-Étienne-François BROQUARD.
Nicolas-Gabriel WILLERET.
Bernard-Gabriel CASEAU.
Claude-Matthieu MARRELIER-DE-VERCHAMPS.
Charles-Alexis LEBAS DE-BOUCLANS.
François-Marie MARESCHAL-DE-LONGEVILLE.
Jean-Baptiste-Antoine RIBOUX.

Les sieurs François - Augustin, Marquis DE TALLENEY.
Claude - Antoine - Catherine DE BOCQUET-DE-COURBOUSON.
Claude - Desiré - François-Xavier DAMEY-DE-SAINT-BRESSON.
Charles - Augustin FRERE-DE-VILLEFRANCON.
Jean - Baptiste GUILLEMIN-DE-VAIVRE.
Philippe - Richard FOILLENOT-DE-MAGNY.
Jean - Stanislas DUNOD-DE-CHARNAGE.
François - Nicolas - Eugène DROZ.
Claude - Antoine ROUSSEL.
Bon - Ignace ROUSSEL.
George WILLERET.
Thérèse - Joseph MARIN.
Benoît - George RAILLARD-DE-GERIGNEY.
Antoine - René DE MIRDONDEY.

Avocats généraux.

Les sieurs Claude - Alexandre DESBIEZ.
Leu - Claude - François - Xavier ATHALIN.

Procureur général.

Le sieur Claude - Théophile - Joseph DOROZ.

Substituts du Procureur général.

Les sieurs Alexis - François GRANGIER.
Pierre - Matthieu MARGUET.

FAIT & arrêté au Conseil d'État du Roi, Sa Majesté y étant, tenu à Compiègne le vingt-deuxième jour du mois de Juillet mil sept cent soixante-onze. *Signé*, MONTEYNARD.

Lû, publié & registré du très-exprès commandement du Roi, porté par le sieur Maréchal DUC DE LORGES, *assisté du sieur* BASTARD, *Conseiller d'Etat; oui & ce requérant le Procureur général de Sa Majesté, pour être exécuté selon sa forme & teneur; & copies collationnées d'icelui envoyées aux Bailliages & Présidiaux, & autres Jurisdictions du ressort de la Cour, pour y être pareillement lû, publié & registré, à ce que personne n'en ignore: Enjoint aux Substituts du Procureur général du Roi, d'en certifier la Cour dans le mois.* FAIT *en Parlement, à Besançon, les Chambres assemblées, le huit Août mil sept cent soixante-onze.*

Signé, *POURCHERESSE.*

Lille: De l'Imprimerie de N. J. B. PETERINCK-CRAMÉ, Imprimeur ordinaire du Roi.

ARREST
DU CONSEIL D'ETAT
DU ROI,

ET LETTRES PATENTES,

Données à Verſailles le 7 Juillet 1771,

Regiſtrées en Parlement le premier Août ſuivant;

CONCERNANT *les Offices des Jurés-Priſeurs-Vendeurs de Biens-Meubles.*

EXTRAIT DES REGISTRES DU CONSEIL D'ETAT.

LE ROI s'etant fait repréſenter, en ſon Conſeil, l'Édit du mois Février 1771, par l'Article premier duquel Sa Majeſté auroit éteint & ſupprimé tous les Offices de Jurés-Priſeurs-Vendeurs de Biens-Meubles, créés par Édit du mois Octobre 1696, ou autres Édits, à quelque titre qu'il ſoient poſſédés, & encore qu'ils ſoient exercés en vertu de réunion ou autrement, à la réſerve ſeulement de la Ville de Paris ; & par l'Article II. Elle auroit créé & érigé en titres d'Offices formés des Jurés-Priſeurs-Vendeurs de Biens-Meubles pour être établis dans toutes les Villes & Bourgs de de ſon Royaume, Pays, Terres & Seigneuries de ſon obéiſſance, où il y a Juſtice Royale, à l'exception de la Ville & Banlieue de Paris, aux droits & émolumens fixés par ledit Édit ; & Sa Majeſté, pour mieux connoître la valeur deſdits Offices, croit devoir faire percevoir à ſon profit, pendant un temps, les droits y attribués : A quoi voulant pourvoir ; oui le rapport du ſieur Abbé Terray, Conſeiller ordinaire, & au Conſeil Royal, Contrôleur général des Finances. LE ROI ETANT EN SON CONSEIL, a ordonné & ordonne qu'il ſera ſurſis à la levée & ventes des Offices de Jurés-Priſeurs-Vendeurs de Biens-Meubles, créés par ſon Edit du mois de Février 1771, juſqu'à ce qu'autrement il ait été ordonné par Sa Majeſté ; Veut en conſéquence, que les Notaires, Greffiers, Huiſſiers ou Sergens Royaux, puiſſent faire valablement, lorſqu'ils en ſeront requis, les priſées & ventes des Biens-Meubles, en ſe conformant aux Edits, Déclarations, Arrêts & Réglemens rendus à ce ſujet, dérogeant, qant à ce ſeulement, aux diſpoſitions de l'Article IX. de l'Edit du mois de Février dernier, & qu'ils jouiſſent des vacations réglées par l'Article VI. dudit Edit, enſemble des droits d'expéditions ou de groſſes de leurs Procès-verbaux, ſur le pied qu'ils ſont fixés, ſans qu'ils puiſſent s'attribuer les droits de quatre deniers pour livre du montant des ventes, que Sa Majeſté s'eſt réſervé & réſerve à ſon profit ; deſquels droits néanmoins leſdits Notaires, Greffiers, Huiſſiers, ou Sergens Royaux qui feront les ventes, ſeront tenus de faire la perception, & qu'ils retiendront ſur le montant deſdites ventes, pour en compter à celui qui ſera prépoſé au récouvrement d'iceux : Fait Sa Majeſté très-expreſſes inhibitions & défenſes aux Contrôleurs des Actes, de contrôler aucuns Procès-verbaux de vente de Meubles, qu'il ne leur ſoit apparu de la quittance du paiement deſdits quatre deniers pour livre, à peine d'en demeurer perſonnellement garans & reſponſables ; & à toutes perſonnes, autres que les Notaires, Greffiers, Huiſſiers, ou Sergens Royaux, de s'immiſcer à faire les priſées & ventes des Biens-Meubles, ſous les peines portées par l'Article IX. dudit Edit, aux exceptions néanmoins énoncées en l'Article X ; & Sa Majeſté en interpretant, en tant que de beſoin, l'Article II. dudit Edit, a ordonné & ordonne que les Jurés-Priſeurs-Vendeurs de

Biens-Meubles, établis dans la Ville & Banlieue de Paris, feront tenus de compter à Sa Majesté, ou à ses préposés, du montant des quatre deniers pour livre, du prix des Ventes de Biens-Meubles qu'ils feront, soit par suite ou autrement, hors l'étendue de la Ville & Banlieue de Paris. Et seront sur le présent Arrêt toutes Lettres nécessaires expédiées. FAIT au Conseil d'Etat du Roi, Sa Majesté y étant, tenu à Versailles le septieme Juillet mil sept cent soixante-onze.

Signé, PHELYPEAUX.

LETTRES PATENTES.

Du sept Juillet mil sept cent soixante-onze.

LOUS, PAR LA GRACE DE DIEU, ROI DE FRANCE ET DE NAVARRE: A nos amés & féaux Conseillers, les Gens tenant notre Cour de Parlement, & Chambre des Comptes à Paris; SALUT. Nous étant fait représenter en notre Conseil notre Edit du mois de Février 1771, par l'Article premier duquel Nous aurions éteint & supprimé tous les Offices de Jurés-Priseurs-Vendeurs de Biens-Meubles, créés par Édit du mois d'Octobre *1696* ou autres Édits, à quelques titres qu'ils soient possédés, & encore qu'ils soient exercés en vertu de réunion ou autrement, à la réserve seulement de notre bonne Ville de Paris: Et par l'Article II. Nous aurions créé & érigé en titres d'Offices formés, des Jurés-Priseurs-Vendeurs de Biens-Meubles, pour être établis dans toutes les Villes & Bourgs de notre Royaume, Pays, Terres & Seigneuries de notre obéissance où il y a Justice Royale, à l'exception de notre bonne Ville & Banlieue de Paris, aux droits & émolumens fixés par notredit Édit; & pour mieux connoître la valeur desdits Offices, Nous avons cru devoir faire percevoir à notre profit, pendant un temps, les droits y attribués; à quoi Nous avons pourvu par l'Arrêt cejourd'hui rendu en notre Conseil d'État, Nous y étant, pour l'exécution duquel Nous avons ordonné que toutes Lettres Patentes nécessaires seroient expédiées. A CES CAUSES, & autres à ce Nous mouvant, de l'avis de notre Conseil, qui a vu ledit Arrêt, dont expédition eſt ci-attachée ſous le contre-ſcel de notre Chancellerie, Nous avons ordonné, & par ces préſentes ſignées de notre main, ordonnons, voulons & nous plaît, qu'il ſoit ſurſis à la levée & vente des Offices de Jurés-Priſeurs-Vendeurs de Biens-Meubles, créés par notre Édit du mois de Février dernier, juſqu'à ce qu'autrement il en ait été par Nous ordonné; Voulons en conſéquence que les Notaires, Greffiers, Huiſſiers ou Sergens Royaux, puiſſent faire valablement, lorſqu'ils en feront requis, les priſées & ventes de Biens-Meubles, en ſe conformant aux Édits, Déclarations, Arrêts & Réglemens rendus à ce ſujet, dérogeant, quant à ce ſeulement, aux diſpoſitions de l'Article IX. de notredit Édit du mois de Février dernier, & qu'ils jouiſſent des vacations réglées par l'Article VI. dudit Édit, enſemble des droits d'expéditions ou de groſſes de leurs Procès-verbaux, ſur le pied qu'ils ſont fixés, ſans qu'ils puiſſent s'attribuer les droits de quatre deniers pour livre du montant des Ventes, que Nous nous ſommes réſervés; deſquels droits néanmoins leſdits Notaires, Greffiers, Huiſſiers ou Sergens Royaux qui feront les Ventes, feront tenus de faire la perception, & retiendront ſur le montant deſdites ventes, pour en compter à celui qui ſera prépoſé au recouvrement d'iceux : Faiſons très-expreſſes inhibitions & défenſes aux Contrôleurs des Actes, de contrôler aucuns Procès-verbaux de ventes de Meubles, qu'il ne leur ſoit apparu de la quittance & du paiement deſdits quatre deniers pour livre, à peine d'en demeurer perſonnellement garans & reſponſables; & à toutes perſonnes, autres que les Notaires, Greffiers, Huiſſiers ou Sergens Royaux, de s'immiſcer à faire les priſées & ventes des Biens-Meubles, ſous les peines portées par l'Article IX. de notredit Édit, aux exceptions néanmoins énoncées en l'Article X. Interprétant en tant que de beſoin, l'Article II. de notredit Édit, Nous avons ordonné & ordonnons que les Jurés-Priſeurs-Vendeurs de Biens-Meubles, établis dans notre bonne Ville & Banlieue de Paris, feront tenus de nous compter, ou à ceux par Nous prépoſés, du montant des quatre deniers pour livre du prix des ventes des Biens-Meubles qu'ils feront, ſoit par ſuite ou autrement, hors l'étendue de notre bonne Ville & Banlieue de Paris. SI VOUS MANDONS que ces Préſentes vous ayez à regiſtrer, & le contenu en icelles faire exécuter, nonobſtant toutes choſes à ce contraires, auxquelles Nous avons dérogé & dérogeons par ces Préſentes, aux copies deſquelles, collationnées par l'un de nos amés & féaux Conſeillers-Secrétaires, Voulons que foi ſoit ajoutée comme à l'original : CAR tel eſt notre plaiſir. DONNÉ à Verſailles le ſeptieme jour du mois de Juillet, l'an de grace mil ſept cent ſoixante-onze, & de notre règne le cinquante-ſixieme. *Signé*, LOUIS. *Et plus bas :* Par le Roi, PHELYPEAUX. Et ſcellées du grand ſceau de cire jaune.

Regiſtrées, oui, ce requérant le Procureur Général du Roi, pour être exécutées ſelon leur forme & teneur; & copies collationnées envoyées aux Bailliages, Sénéchauſſées & autres Siéges du Reſſort de la Cour, pour y être lues, publiées & regiſtrées; enjoint aux Subſtituts du Procureur Général du Roi d'y tenir la main, & d'en certifier la Cour dans le mois; & copies collationnées pareillement envoyées aux Conſeils Supérieurs, pour y être lues, publiées & regiſtrées, conformément à l'Édit du mois de Février 1771, *ſuivant l'Arrêt de ce jour. A Paris, en Parlement, toutes les Chambres aſſemblées, le premier Août mil ſept cent ſoixante-onze.*

Signé, LE JAY.

Collationné ſur la minute étant au Greffe de la Cour, par Nous Conſeiller-Secrétaire, Maiſon, Couronne de France, l'un des deux ſervans près ſa Cour de Parlement.

Lille : De l'Imprimerie de N. J. B. PETERINCK-CRAMÉ, Imprimeur ordinaire du Roi.

ARREST

DE LA

COUR DES MONNOIES,

Qui fait défenſes à toutes perſonnes quelconques, de donner ni de recevoir, pour aucune valeur, les Pièces dites de Quatre ſous, *décriées par l'Edit du mois de Janvier* 1726, *ni aucunes autres Pièces de monnoie dont l'empreinte ſeroit totalement effacée, à peine d'être pourſuivis extraordinairement & punis comme* Billonneurs.

Du 10 Juillet 1771.

Extrait des Regiſtres de la Cour des Monnoies.

VU par la Cour, la requête à elle préſentée par le Procureur général du Roi, expoſitive, qu'il eſt venu à ſa connoiſſance, qu'il s'eſt introduit depuis peu dans le royaume une grande quantité d'Eſpèces vieilles, dont le cours a été prohibé par l'Édit du mois de Janvier 1726, regiſtré en la Cour; & qu'il ſe diſtribue, ſur-tout dans cette ville de Paris, un grand nombre de pièces dites de *Quatre sous*, qui avoient cours avant l'époque dudit Édit, & qu'on force le public à recevoir pour six sous: Qu'il est aussi venu à sa connoissance, que par un délit encore plus punissable, des particuliers se sont avisés d'étendre & d'aplatir, soit lesdites pièces vieilles, soit de nouvelles pièces de six sous, pour leur donner la forme & la grandeur des pièces de douze sous, & les faire circuler pour cette valeur dans le commerce, quoiqu'elles ne portent plus aucune empreinte de monnoie, laquelle a été totalement détruite & effacée par l'effort nécessaire pour les aplatir & pour les étendre; & que ce délit a commencé à prendre naissance dans les provinces de Flandres, Artois, Hainaut & Cambresis: Qu'il est aussi important d'arrêter le cours d'une introduction & d'une distribution d'Espèces si nuisible aux intérêts du Roi & à ceux de ses sujets, que d'en connoître & punir les auteurs; pourquoi requiert le Procureur général du Roi, qu'il plaise à la Cour lui donner acte de la plainte qu'il rend desdites introductions, distributions & fabrications de vieilles Espèces; ordonner qu'il sera informé à sa requête desdits faits, circonstances & dépendances, contre les introducteurs, distributeurs & fabricateurs desdites Espèces vieilles, pour, l'information faite & à lui communiquée, requérir ce qu'il appartiendra; & cependant que conformément à l'article III. de l'Édit du mois de Janvier 1726, il soit fait défenses à toutes personnes de quelque qualité & condition qu'elles soient, de recevoir ni donner dans le commerce aucunes desdites vieilles Espèces, pour aucune valeur, & de recevoir & donner pareillement aucune Espèce dont l'empreinte seroit totalement effacée, à peine d'être poursuivis extraordinairement, & d'être punis comme Billonneurs; ordonner que tout propriétaire ou possesseur desdites Espèces vieilles ou non marquées, seront tenus de les porter aux Changes & Hôtels des Monnoies, pour la valeur leur en être payée, conformément aux tarifs arrêtés en la Cour, & à l'arrêt du Conseil du 25 Août 1755, registré en la Cour; & que l'arrêt qui interviendra, sera lû, publié, enrégistré & affiché par-tout où besoin sera. Ouï le rapport de Me. Jacques-Germain-Edme Martineau de Soleine, Conseiller à ce commis; tout considéré: LA COUR donne acte au Procureur général du Roi, de la plainte qu'il rend des faits contenus dans sa requête; ordonne qu'il ſera informé deſdits faits, circonſtances & dépendances, pardevant le Conſeiller-rapporteur que la Cour a commis à cet effet, pour, ladite information faite & communiquée au Procureur général du Roi, être par lui requis, & par la Cour ordonné ce qu'il appartiendra: Et cependant ordonne que l'Édit du mois de Janvier 1726, ſera exécuté ſelon ſa forme & teneur; en conſéquence, fait défenſes à toutes perſonnes de quelque qualité & condition qu'elles ſoient, de recevoir & de donner en payement aucunes deſdites vieilles Eſpèces, ni aucune Eſpèce dont l'empreinte ſeroit totalement effacée, à peine d'être pourſuivis extraordinairement & punis comme Billonneurs: Enjoint à toutes perſonnes qui en auroient en leur poſſeſſion, de les porter aux Changes & Hôtels des Monnoies, pour la valeur leur en être payée, conformément aux tarifs arrêtés en la Cour, & à l'arrêt du Conſeil du 25 Août 1755, regiſtré en la Cour. Ordonne que le préſent arrêt ſera imprimé, publié & affiché par-tout où beſoin ſera; & que copies collationnées d'icelui, ſeront envoyées, à la diligence du Procureur général du Roi, ès Siéges des Monnoies du reſſort de la Cour, pour y être regiſtré, publié & affiché: Enjoint aux Subſtituts du Procureur général du Roi, d'y tenir la main, & d'en certifier la Cour au mois. FAIT en la Cour des Monnoies, le dixième jour de Juillet mil ſept cent ſoixante-onze. *Signé*, GUEUDRÉ.

POUR LE ROI. { *Collationné à l'original, par Nous Ecuyer, Greffier en chef de la Cour des Monnoies, Secrétaire du Roi, Maiſon, Couronne de France & de ſes Finances.*

Lille: De l'Imprimerie de N. J. B. PETERINCK-CRAMÉ, Imprimeur ordinaire du Roi.

TRAITES.

DIRECTION DE LILLE.

Lille le 15 Juillet 1771.

M. D'ARLINCOURT, Fermier général, a reconnu, Monſieur, étant en tournée dans les Bureaux de cette Direction, que des Receveurs perçoivent, & d'autres ne perçoivent pas, le droit de décharge des Acquits à Caution, expédiés dans les Bureaux des cinq groſſes Fermes, pour aſſurer la ſortie à l'Etranger, des marchandiſes de fabrique & manufacture du Royaume, en conformité des Arrêts & Lettres patentes des 15 Octobre, 19 Novembre & 22 Décembre 1743, & que ceux qui ne perçoivent pas ce droit de décharge, ſe fondent ſur les articles VII. & IX. de l'Arrêt du premier Mars 1712. Les diſpoſitions de ce Réglement ne ſont point applicables, Monſieur, aux marchandiſes de manufactures des cinq groſſes Fermes, qui ſont envoyées par Acquits à Caution à l'Étranger, en exemption de droit de ſortie; c'eſt l'Ordonnance des Fermes du mois de Février 1687, ſuivant laquelle le droit d'expédition & celui de décharge d'Acquits à Caution ſont exigibles; c'eſt dans les derniers Bureaux de ſortie du Royaume que la reconnoiſſance des balles & ballots doit être faite & les Acquits déchargés. Les Bureaux de cette Direction, déſignés par les Lettres patentes des 10 Octobre 1744 & premier Mars 1746, pour la ſortie deſdites marchandiſes, ſont ceux de Dunkerque, Lille, Valenciennes, Maubeuge & Givet, ils ſont ſubſtitués aux derniers Bureaux deſdites cinq groſſes Fermes.

C'eſt par ces Bureaux déſignés, que leſdites marchandiſes doivent paſſer; on indique par un vû ſur les Acquits à Caution, celui des Bureaux de la frontière, par lequel leſdites marchandiſes doivent paſſer à l'Étranger, où leſdits Acquits à Caution doivent être déchargés & le droit du Certificat de décharge perçû. Je vous prie, Monſieur, de vouloir bien percevoir à l'avenir ledit droit de décharge, d'envoyer à la Direction votre ſoumiſſion de vous conformer au préſent, & de le tranſcrire ſur le regiſtre d'ordres.

Le Directeur des Fermes du Roi.

DE PAR LE ROI.

ANTOINE-LOUIS-FRANÇOIS LE FEVRE DE CAUMARTIN,

CHEVALIER, Marquis de St. Ange, Comte de Moret, Seigneur de Caumartin, Boiſſy-le Châtel, Ville-Cerf, Dormeilles, Ville St. Jacques, Flagy, la Commanderie & autres Lieux, Grand-Croix, Chancelier & Garde des Sceaux de L'Ordre Royal & Militaire de St. Louis, Conſeiller du Roi en ſes Conſeils, Maître des Requêtes ordinaire de ſon Hôtel, Intendant de Flandres & Artois.

ETant informé des abus qui ſe commettent journellement dans la vente & diſtribution des remèdes & médicamens, ainſi que des poiſons, dont le mélange eſt ſouvent néceſſaire à la composition deſdits remèdes, ce qui donne lieu à des inconvéniens très-préjudiciables au public, par la facilité avec laquelle de ſimples marchands merciers des Bourgs & Villages de notre Département, s'ingérent d'en vendre ſans aucune connoiſſance, & ſans avoir obſervé aucune des formalités, auxquelles les Apoticaires ſont aſſujettis, notamment par rapport aux poiſons, qui ne ſçauroient être depoſés en des mains trop sûres : A quoi voulant pourvoir.

Nous faiſons très-expreſſes inhibitions & déſenſes, à toutes perſonnes autres que les Apoticaires & Droguiſtes, de s'ingérer de vendre des remèdes, drogues, médicamens ou poiſons, à peine de trois cens livres d'amende, dont le tiers ſera applicable aux dénonciateurs, & le ſurplus aux Pauvres : Permettons en conſéquence auxdits Apoticaires & Droguiſtes, de faire ſaiſir leſdits remèdes & poiſons chez les marchands qui ne ſeroient pas autoriſés d'en vendre, ou dans tel autre endroit où ils pourroient avoir été interpoſés, dont il ſera dreſſé des procès-verbaux, pour ſur iceux être par Nous ſtatué ce qu'il appartiendra. Mandons à nos Subdélégués de tenir, chacun en droit ſoi, exactement la main à l'exécution de la préſente, laquelle ſera imprimée, lue, publiée & affichée par-tout où besoin sera, à ce que personne n'en prétende cause d'ignorance.

Fait le vingt-huit Juillet mil sept cent soixante-onze.

Signé, CAUMARTIN.

Lille : De l'Imprimerie de N. J. B. PETERINCK-CRAMÉ, Imprimeur ordinaire du Roi.

TRAITES.
D.on de Lille.

Lille le 30. Juillet 1771.

LA Compagnie se plaint, MONSIEUR, par sa Lettre du 23 du présent mois de Juillet, de ce qu'elle a reconnu, dans divers départemens, qu'il y a des Employés généraux, supérieurs & autres, qui, abusant de l'autorité que leur état leur donne sur les Employés subalternes, se permettent de les distraire pour leur service particulier, de celui de la Ferme, qui est l'unique objet de leur établissement; que des Employés supérieurs ont des gardes pour domestiques; que des Receveurs les chargent de messages ou de commissions personnelles, quelquefois même les occupent aux gros travaux de leurs maisons, & que les Capitaines généraux se servent de leurs subordonnés pour serrer du foin, du bois, ou panser leurs chevaux. Enfin la Compagnie me recommande, Monsieur, de faire cesser ces abus, s'il en existoit quelques-uns dans cette Direction. Votre façon de penser me garantit que vous n'avez jamais souffert aucun des abus dont elle se plaint: C'est seulement pour vous donner connoissance de ses intentions que je vous fais passer cette Lettre, conformément à l'ordre qu'elle m'en a donné, & je vous prie, Monsieur, de vouloir bien m'en accuser la réception, avec soumission de vous y conformer.

Le Directeur des Fermes du Roi.

ARREST
DE LA
COUR DES MONNOIES,

Qui fait défenses à toutes personnes, Marchands en gros ou en détail, Manouvriers, & à tous autres, de quelqu'état, qualité & condition qu'elles soient, de refuser dans les payemens aucune des pièces d'Or, d'Argent & de Billon, dont l'empreinte sera visible, ou sur lesquelles, de l'un ou de l'autre côté d'icelles, il paroîtra quelques marques de l'empreinte qu'elles ont reçue, à peine contre les contrevenans, d'emprisonnement, & d'être punis comme Billonneurs.

Du 31 Juillet 1771.

Extrait des Registres de la Cour des Monnoies.

U par la Cour, le requisitoire à Elle présentée par le Procureur général du Roi, expositif: Qu'en mettant sous les yeux de la Cour les fraudes & le billonnage qui se pratiquoient à l'égard des pièces de Quatre sous, décriées depuis long-tems, elle a senti que ces abus s'étoient introduits & multipliés à la faveur de l'inexécution des loix, qui défendent de faire circuler dans le commerce aucune pièce de monnoie quelconque, dont le frai ne permet plus de distinguer si véritablement elle a été fabriquée au coin de France ; & en faiſant droit ſur le requiſitoire du Procureur général du Roi, elle a renouvellé leur exécution par ſon Arrêt du 10 de ce mois : Mais il ne s'attendoit pas qu'une diſpoſition ſi ſage & auſſi ancienne que l'inſtitution même de la Monnoie, & ſans laquelle cette inſtitution ne ſeroit d'aucun avantage au public, dût prêter matière à de nouvelles contraventions ; mais de quoi la cupidité n'eſt-elle pas capable ? Le Procureur général du Roi eſt informé que ces mêmes billonneurs, qui abuſoient de l'ignorance & de la bonne foi du peuple, pour le dépouiller inſenſiblement de ſes bonnes eſpèces, en donnant en échange & en répandant des pièces ou décriées ou entiérement ſuppoſées, ont tenté d'allarmer ce même peuple à l'occaſion du renouvellement des Ordonnances, pour exercer ſur lui un nouveau brigandage ; ces perſonnes mal-intentionnées ont affecté de répandre du doute ſur des pièces d'argent, fabriquées en exécution de l'Edit du mois de Janvier 1726, qui, bien qu'uſées en partie, conſervent encore des indices certains, ſur l'un des côtés, qu'elles ſont ſorties de la Monnoie du Roi, afin de compoſer ſur leur valeur avec le propriétaire crédule ou timide, bien aſſurés de les reproduire avec d'autres perſonnes pour leur valeur entière : Ces manœuvres dangereuſes ne ſont pas ſeulement un vol caractériſé dans les termes du Droit, elles deviennent un crime public, par le trouble qu'elles apportent dans la ſociété. Il eſt également du miniſtère du Procureur général du Roi, d'en pourſuivre les auteurs, & d'expoſer à la Cour la néceſſité de renouveller les défenſes de refuſer en payement les pièces de monnoie d'or, d'argent & de billon, dont l'empreinte certifie encore, par quelques marques quelconques, qu'elles ont été frappées au coin du Roi, afin que le peuple connoiſſe bien clairement que le décri ne porte que ſur celles qui n'ont conſervé aucun veſtige de l'empreinte, qui ſeule les rend commerçables ; l'une & l'autre diſpoſition ſont également intéreſſantes pour chaque particulier, & de leur maintien exacte dépend celui de la foi publique, à laquelle nul membre de la ſociété ne peut porter atteinte ſans ſe rendre coupable. En effet, ſi les particuliers, porteurs de quelques pièces de monnoie effacée, ſoit d'or, ſoit d'argent, ſoit de billon, cherchoient à ſe ſouſtraire à la perte légère qui réſultera pour eux, en les rapportant aux Changes des Monnoies, pour être refondues, non ſeulement ils ouvriroient un moyen facile à l'étranger & aux billonneurs d'introduire dans le royaume, en échange de bonnes pièces, des morceaux d'un métal quelconque, qui n'auroit que la forme de la monnoie, ſans en avoir le titre

& le poids, qui seuls constituent sa valeur ; mais encore ils feroient tomber le commerce de l'Etat dans une confusion & un désordre d'où résulteroit la nécessité des refontes générales, dont la depense, prise sur le public, tomberoit sur les bonnes comme sur les mauvaises especes, opérations toujours facheuses, que la sagesse & la bonté du Roi a évité soigneusement à son peuple depuis un long intervalle d'années ; & cette administration n'est pas un des monumens les moins précieux de son règne. Si, d'un autre côté, les particuliers refusoient de recevoir couramment des pièces revêtues, d'une maniére encore sensible, du sceau de l'Etat, sous prétexte qu'elles sont fort usées par le frai, ils troubleroient l'ordre public, celui des payemens & du commerce journalier, qui intéresse tous les membres de la société en particulier : Enfin, dans l'un & l'autre cas, il est évident que celui qui se porte à un excès, par la crainte d'un dommage personnel fort léger, marche en aveugle au-devant d'un plus considérable, que son obstination rendroit indispensable & général. Pourquoi requiert le Procureur général du Roi, qu'il plaise à la Cour faire très-expresses inhibitions & défenses à toutes personnes, de quelqu'état, qualité ou condition qu'elles soient, marchands en gros ou en détail, receveurs des deniers publics & particuliers, artisans, manouvriers, & à tous autres, de refuser dans aucuns payemens les pièces d'or & d'argent, fabriquées en exécution de l'Edit de 1726 ; & celles de billon, fabriquées en exécution de l'Edit du mois d'Octobre 1738, sur lesquelles, de l'un ou de l'autre côté, il paroîtra quelques marques de l'empreinte, servant à faire connoître qu'elles ont été fabriquées en exécution desdits Edits ; comme aussi de les donner ou recevoir pour un moindre prix que celui porté par iceux, à peine d'emprisonnement contre les contrevenans, & d'être poursuivis extraordinairement comme billonneurs, & comme tels punis suivant la rigueur des Ordonnances ; à l'effet de quoi permettre au Procureur général du Roi & à ses Substituts dans les différens Siéges du ressort de la Cour, d'en informer en cette ville de Paris, pardevant tel des Messieurs qu'il plaira à la Cour commettre ; & dans les provinces, pardevant les Généraux-provinciaux, Juges-gardes ou autres Officiers des Monnoies, & en leur absence, pardevant le premier Juge sur ce requis, pour, sur lesdites informations, être procédé ainsi qu'il appartiendra ; & ordonner que l'Arrêt qui interviendra, sera lu, publié & affiché par-tout où besoin sera. Ouï le rapport de Me. Jacques - Germain - Edme Martineau de Soleine, Conseiller à ce commis : Tout considéré.

La Cour faifant droit fur le requifitoire du Procureur général du Roi, fait défenfes à tous Marchands en gros ou en détail, Manouvriers, & toutes autres perfonnes, de quelqu'état, qualité & condition qu'elles foient, de refufer dans aucuns payemens les piéces d'or & d'argent, fabriquées en exécution de l'Édit de 1726; & celles de billon de deux fous & d'un fou, fabriquées en exécution de l'Édit de 1738, fur lefquelles, de l'un ou de l'autre côté; il paroîtra quelques marques de l'empreinte, fervant à faire connoître qu'elles ont été fabriquées en exécution defdits Édits; comme auffi de les donner ou recevoir pour une moindre valeur que celle portée par iceux, à peine d'emprifonnement contre les contrevenans, & d'être pourfuivis extraordinairement comme billonneurs, & comme tels punis fuivant la rigueur des Ordonnances; à l'effet de quoi permet au Procureur général du Roi, ou à fes Subftituts dans les différens Siéges du reffort de la Cour, d'en informer en cette ville de Paris, pardevant le Confeiller-rapporteur que la Cour a commis à cet effet, & dans les Provinces, pardevant les Générauxprovinciaux, Juges-Gardes ou autres Officiers des Siéges defdites Monnoies; & en leur abfence, pardevant le premier Juge royal fur ce requis, pour, fur lefdites informations, être procédé ainfi qu'il appartiendra. Ordonne que le préfent Arrêt fera imprimé, publié & affiché par-tout où befoin fera, & copies collationnées d'icelui envoyées ès Siéges des Monnoies du reffort de la Cour, pour y être regiftré, lû, publié & affiché: Enjoint aux Subftituts du Procureur général du Roi d'y tenir la main, & d'en certifier la Cour au mois. FAIT en la Cour des Monnoies, le trente-un Juillet mil fept cent foixante-onze. Collationné. *Signé*, GUEUDRÉ.

Collationné par nous Écuyer, Greffier en chef de la Cour des Monnoies de Paris, & Secrétaire du Roi, Maifon & Couronne de France.

Lille: De l'Imprimerie de N. J. B. PETERINCK-CRAMÉ, Imprimeur ordinaire du Roi.

www.ingramcontent.com/pod-product-compliance
Ingram Content Group UK Ltd.
Pitfield, Milton Keynes, MK11 3LW, UK
UKHW020927180726
13838UKWH00002B/808